SCORPIO

Shiva Ryu

Ein fliegender Vogel blickt nie zurück

Die Freiheit nach dem Loslassen

SCORPIO

Die koreanische Originalausgabe erschien 2017 unter dem Titel 새는 날아가면서 뒤
돌아보지 않는다 (The Bird Does Not Look Back While Flying) bei The Forest Book
Publishing Co. durch Vermittlung von BC Acency, Seoul. All rights reserved.

Der Druck dieses Buches wurde durch die finanzielle Unterstützung des Literature
Translation Institute of Korea ermöglicht.  LTI Korea
Literature Translation Institute of Korea

2. Auflage 2021
Deutsche Erstausgabe
© der deutschsprachigen Ausgabe 2021 Scorpio Verlag
in Europa Verlage GmbH, München
© 2017 Shiva Ryu
Das Werk ist urheberrechtlich geschützt.
Sämtliche, auch auszugsweise Verwertungen bleiben vorbehalten.
Umschlaggestaltung: Guter Punkt, München,
unter Verwendung eines Motivs von Hosaka
Illustrationen im Innenteil: © Elicia Edijanto
Lektorat: Ulla Rahn-Huber
Layout und Satz: Danai Afrati
Druck und Bindung: Pustet, Regensburg
ISBN 978-3-95803-347-4

Alle Rechte vorbehalten
www.scorpio-verlag.de

Inhalt

Wir haben einen inneren Antrieb, der uns zur Regeneration
und Neubelebung anhält und uns Kräfte mobilisieren lässt,
die uns in unserem Wesen von innen heraus verändern.
Instinktiv suchen wir nach einem Platz, an dem wir uns
erholen können. Wir lassen uns vom Leben nicht niederdrücken, sondern sind bereit, uns selbst zu heilen und ganz
zu werden.

Ich stelle die Fragen, das Leben antwortet

In jungen Jahren stellte ich viele Fragen. Ich fragte nach der Wahrheit und der Erleuchtung, nach dem Glück und dem Sinn des Lebens und danach, wer ich bin. Heute verstehe ich, dass uns das Leben die Antworten erst nach und nach gibt. Es ist ein Prozess, der Jahre dauert. Damals wusste ich das nicht. Ich hatte noch nicht begriffen, dass sich die Rätsel des Lebens nur mit Erfahrung entschlüsseln lassen. Ich bereiste zahlreiche Länder und las viele Bücher, stets auf der Suche nach Lehrern und Meistern, doch es war das Leben selbst, das mir Erkenntnis brachte. Wir denken, wir machen eine Reise, dabei »macht« die Reise uns, indem sie uns formt.

Kein Dichter ist wie der andere, und kein Schriftsteller kann einen anderen ersetzen. Jedes neue Gedicht hat zuvor nicht existiert, jedes neue Buch hat es so noch nicht gegeben. Ganz gleich, ob man Texte verfasst oder nur liest: Zu leben bedeutet, seine eigene Geschichte zu schreiben. Nicht die Erwartungen oder Vorgaben anderer zu erfüllen, sondern eigene Antworten zu finden. Wovon möchten Sie erzählen, wenn man Sie eines Tages nach Ihrem Leben fragt? Können Sie Ja dazu sagen, selbst wenn Sie einen unerträglichen Verlust erlitten haben und durch ein schmerzvolles Fegefeuer gegangen sind? Können Sie Ihrem Leben immer wieder Briefe schreiben, auch wenn es Sie ignoriert?

Die Geschichten, die ich in diesem Buch gesammelt habe, enthalten Antworten, die mir das Leben gegeben hat. Der indische Dichter Ghalib schrieb einmal: »Ich gehe ganz in meinen Gedichten auf.« Aber kein Text ist in der Lage, unserem Selbst ganz und gar gerecht zu werden. Zudem hoffe ich doch, mehr zu sein als die Summe des von mir Geschriebenen. Auch wenn Ihnen in diesen unsicheren Zeiten das, was ich mitzuteilen habe, womöglich weder Trost noch Kraft schenken kann, würde ich mich gern mit Ihnen über das Leben unterhalten.

Shiva Ryu

Querencia
Auf der Suche nach Selbstheilung

Im Verlauf eines Stierkampfes wählt der Stier sich in der Arena einen von unsichtbaren Grenzen abgezirkelten Bereich, in dem er sich sicher und stark fühlt. Ist er vom Zweikampf mit dem Matador erschöpft, zieht er sich dorthin zurück, um zu Atem zu kommen und Kraft zu schöpfen, bevor er erneut attackiert. Er empfindet dort keine Angst. Auf Spanisch nennt man diesen Bereich *Querencia* – ein Zufluchtsort, eine Oase der Ruhe.

Auch außerhalb der Arena steht die *Querencia* für einen Ort der Heilung, an dem man sich sicher fühlt vor den Gefahren der Welt. Man sucht ihn auf, um sich zu regenerieren, wenn man todmüde und erschöpft ist, und man kommt sich selbst dort näher als irgendwo sonst. Die *Querencia*, das ist eine versteckte Lichtung, auf der Gämsen und Steinböcke sorglos grasen, eine unzugängliche Stelle, an der Adler nisten, die Unterseite eines Blattes, an die sich Insekten vor dem Regen flüchten, oder ein unterirdischer Gang, der einem Maulwurf Deckung bietet – eine kleine Nische der Sicherheit und des Friedens, in die kein anderer einzudringen vermag.

Auf die Meditation übertragen ist die *Querencia* der heilige

Ort in unserem Inneren. Meditieren wir, begeben wir uns auf die Suche nach ihm.

Ich lebte eine Zeit lang in einer Wohngemeinschaft, und wir hatten jeden Tag Besuch, zehn Leute oder mehr. Die, die aus der Provinz angereist kamen, blieben oft tagelang. Das Haus quoll über von Menschen, und jeder brachte, von wo immer er herkam, sein eigenes kleines Päckchen mit. Glücklicherweise gab es einen kleinen Raum im hinteren Teil des Hauses, zu dem Außenstehende keinen Zutritt hatten. Dieses Zimmer wurde für mich zu einem wichtigen Rückzugsort. Er gehörte mir allein – meine *Querencia*. Nur ein oder zwei Stunden dort zu sitzen, gab mir die Energie, nachher wieder den vielen Leuten zu begegnen, und ohne diese Oase der Stille hätte mich das ganze Getriebe sicher um den Verstand gebracht und körperlich aufgerieben.

Viele der spirituellen Meister und Meditationslehrer, die ich im Laufe der Zeit kennengelernt habe, empfangen zwar täglich viele Menschen, die von ihnen lernen möchten. Von Zeit zu Zeit aber ziehen sie sich von alldem zurück, um neue Energie zu schöpfen, was sie zu besseren Lehrern macht. Täten sie es nicht, würde ihr innerer Quell versiegen.

Ich bin im Leben in manch schwierige Situation geraten. Hätte ich nicht gelernt, mir durch kontrolliertes, gleichmäßiges Atmen über solche Momente hinwegzuhelfen, hätten meine negativen Gefühle mich manchmal bestimmt übermannt oder zu extremen Reaktionen getrieben. In kritischen Phasen fand ich meine *Querencia* durch Reisen. Kaum war ich am Ziel angekommen, spürte ich, wie die ganze Last der Probleme von mir abfiel. Ich war auf einmal wieder ganz ich selbst und fand in mein seelisches Gleichgewicht zurück. Nach einer Weile konnte ich dann frisch motiviert nach Hause zurückkehren.

Tiere begreifen instinktiv, was *Querencia* bedeutet. Schlangen und Frösche etwa erkennen anhand ihrer Körpertemperatur, wann es Zeit für den Winterschlaf ist, und wenn der Moment des Aufbruchs gekommen ist, wissen Monarchfalter und Kraniche nicht nur, wohin sie fliegen müssen, sondern auch, wo sie sich unterwegs ausruhen können. Sie folgen dem genetisch programmierten Ruf, ihr eigenes Überleben zu sichern. Ohne diese Pausen würde sich ihr Lebensquell erschöpfen. Wir Menschen wissen auch, wann wir unsere Arbeit unterbrechen und innehalten sollten. Unser Körper sagt es uns, wenn wir hinhören. Und in solchen Momenten brauchen wir eine *Querencia*, einen Ort, an dem wir uns ausruhen und wieder Kraft schöpfen können, um uns anschließend erneut dem Leben zu stellen.

Querencia, das ist nicht nur ein Ort. Nehmen wir an, wir wären mit voller Konzentration mit der Aufgabe beschäftigt, das passende Holz für einen Schreibtisch oder ein Bücherregal auszuwählen. In solchen Momenten treten die Sorgen des Alltags in den Hintergrund, und wir tanken neue Energie. *Querencia*, das ist eine Zeit der Selbstläuterung; ein Raum, den wir lieben; die Zeit, in der wir tun, wofür unser Herz schlägt; eine Begegnung mit einem geliebten Menschen. All das spielt in unserem Leben die Rolle einer *Querencia*. Die Zeit, in der wir uns vom Alltagslärm zurückziehen und bei uns selbst Einkehr halten, in der wir beten und meditieren; die Abende, an denen wir nach einem langen Arbeitstag entspannende Musik hören oder den Geräuschen der Insekten lauschen; die Momente, in denen wir uns von allem anderen zurückziehen und in unserem Inneren eine eigene Welt und unseren eigenen Zufluchtsort entdecken – all das ist *Querencia*. Ohne dieses Innehalten und Atemschöpfen versiegen unsere Energien, und wir werden psychisch krank.

Wo genau in der Arena sich die *Querencia* befindet, steht nicht von Anfang an fest. Während des Kampfs erspürt der Stier nach und nach, wo für ihn die sicherste Stelle ist, um zu verschnaufen. Um den Kampf zu gewinnen, muss der Matador diesen Bereich erahnen und seinen Gegner daran hindern, ihn aufzusuchen. »Ein Stier ist in seiner *Querencia* so unbeschreiblich stark, dass es unmöglich ist, ihn zu besiegen«, schrieb Hemingway, der sich Hunderte von Stierkämpfen angesehen hat, um das Geschehen in der Tiefe zu verstehen.

Das Leben ist oft herausfordernd und beängstigend. Immer wieder geraten wir in Situationen, die sich unserer Kontrolle entziehen, und wir fühlen uns bedrängt und hilflos wie ein in die Ecke getriebener Stier. Wenn das passiert, gilt es, uns in unser inneres Reich zurückzuziehen, bewusst zu atmen, unseren Geist still werden zu lassen und in unsere Kraft zurückzufinden. Durch bewusstes Atmen kommen wir aus dem emotionalen Chaos heraus und finden zurück in die Ruhe.

Im Himalaya auf Trekkingtour gehen, eine Zeit lang im Hochgebirge mit einem Nomadenstamm oder in einem entlegenen

Dorf bei einer Bauernfamilie leben, mich in einem kleinen Boot auf dem Ganges treiben lassen und gedankenverloren in den blauen Himmel schauen, mit einem Bettelmönch mit vier abgebrochenen Schneidezähnen eine Wette eingehen, ob er von einem Apfel abbeißen kann, und dabei kindisch herumalbern ... ohne solche Auszeiten für die Seele hätte ich um meine Gesundheit bangen müssen. Jemand sagte mir einmal, das Leben sei wie ein Notenblatt ohne Pausenzeichen. Wir sind der Dirigent unseres Lebens, und es obliegt jedem Einzelnen von uns, dort Pausen zu setzen, wo wir sie brauchen.

Querencia ist auch der Ort, an dem wir uns am ehrlichsten begegnen. Wenn wir immer und jederzeit wirklich wir selbst sein können; wenn es uns gelingt, mit dem Kämpfen aufzuhören und inneren Frieden zu finden, kann *Querencia* überall sein. Genau so hat Gott diese Welt ursprünglich geschaffen – als einen Ort, an dem das Ich noch unbeschadet ist, als einen Quell der Spiritualität und Vitalität, wo wir im Einklang mit der Erde und der Natur leben, wie es den Traditionen indigener Völker entspricht. Wir selbst sind es, die diese Welt zur Kampfarena machen.

Dieses Buch zu schreiben, erlebe ich als eine wertvolle Zeit von *Querencia*. Dem Trappisten und Ordenspriester Thomas Merton zufolge verfügen wir über einen inneren Antrieb zur Regeneration und Neubelebung. Wir können Kräfte mobilisieren, die uns in unserem Wesen von innen heraus verändern. Instinktiv suchen wir nach einem Platz, an dem wir uns erholen können. Wir lassen uns vom Leben nicht niederdrücken, sondern sind bereit, uns selbst zu heilen und ganz zu werden.

Wie definieren Sie Ihre *Querencia*? Am Sonntag wandern gehen, am Strand sitzen und zuschauen, wie die Sonne untergeht, Ausflüge zu unbekannten Orten unternehmen, neue Gegenden und Menschen kennenlernen? Vielleicht sind es für Sie die Mußestunden, in denen Sie Musik hören, sich Bilder anschauen oder ein Buch lesen; die Zeit, in denen Sie tun, was Ihnen Spaß macht, Sie sich der Freude des Lebens hingeben und träumen … All das kann *Querencia* sein. Selbst banale Dinge wie das Abschreiben von Gedichten und Texten mit Füller und Tinte oder das Vorlesen gehören dazu.

Wenn es mir nicht möglich ist, für längere Zeit zu verreisen, gönne ich mir ein paar Tage, um zur Insel Cheju überzusetzen und dort eine Bergtour zu unternehmen oder im Saryeoni-Wald wandern zu gehen. Jedes Mal, wenn ich dort bin, werde ich eins mit der Erde, dem Sonnenlicht und dem Wind. Es ist wie Kraftschöpfen an einer heiligen Quelle. Meine Füße werden zu Flügeln. Es gibt nichts Heilsameres als die Zeit, in der wir uns in der Erde verwurzeln und mit der Natur verschmelzen. In solchen Momenten begreifen wir die Worte aus der altindischen Heiligen Schrift *Ashtavakra Gita*:

»Lass die Wellen des Lebens steigen und sinken. Du hast nichts zu verlieren oder zu gewinnen. Denn du selbst bist das Meer.«

Wenn wir etwas Kostbares im Leben verlieren, wenn uns der Alltag langweilt und uns die Welt ringsum eintönig und farblos erscheint, wenn geliebte Menschen uns das Herz brechen oder wir geistig erschöpft sind und vergessen haben, wer wir eigentlich sind, ist es Zeit, unsere *Querencia* aufzusuchen und uns die Zeit zu nehmen, die unsere Seele zur Genesung braucht; Zeit zum Alleinsein, ungestört von der Welt. So kommen wir in unsere Kraft zurück.

Wie können Sie Ihre *Querencia* finden? Wo ist der Ort, an dem Sie sich am stärksten fühlen und Sie ganz Sie selbst sein können? Bevor Sie in die Ferne ziehen, kehren Sie erst zu sich selbst zurück! Eine eigene, ganz persönliche *Querencia* zu haben – das heißt, über eine sichere Oase zu verfügen, die Ihnen den Raum gibt, das Leben zu lieben.

Eine Fliege in der Tasse
Wenn die Welt leidet, leide ich mit

Eines der Dinge, die mir zu schaffen machten, als ich zum ersten Mal nach Indien und Nepal kam, war, dass ich meinen Lebensraum mit allerlei Getier zu teilen hatte. Es waren nicht nur Rucksackreisende wie ich, die scharenweise in diese Länder reisten, um Erleuchtung zu erlangen. Wohin ich auch ging, überall waren Fliegen, Flöhe, Wanzen, Tausendfüßler und Eidechsen. Nur wenig Kleingetier ist dort so menschenfreundlich wie bei uns. Immer wieder stellte ich staunend fest, wie viele Mücken es in einem Meditationszentrum geben kann. Ihr ganz besonderer Lieblingsplatz war meine Stirn, wo sie sich in Scharen niederließen, um intensiv mit zu meditieren. Während ich mich an den roten Pusteln über meinen Brauen kratzte, scherzte ich, dass die Tierchen bestimmt noch vor mir ins Nirwana kämen, da sie keine Angst vor dem Sterben hätten. Die Plagegeister zögerten auch nicht, tagein, tagaus meinen Schlafsack, meinen Tee, ja sogar meinen gebratenen Reis für sich zu beanspruchen.

Die Umweltaktivistin und Tiefenökologin Joanna Macy verbrachte einige Zeit in Nordindien am Fuße des Himalayas, wo sie als ehrenamtliche Mitarbeiterin beim United States

Peace Corps in der tibetischen Flüchtlingsgemeinde im Einsatz war. Sie gründete dort unter anderem eine Kooperative, um die Leute dabei zu unterstützen, mit der Herstellung und dem Verkauf von traditionellen tibetischen Schmuckgegenständen etwas Geld zu verdienen. Eines Nachmittags landete während einer Besprechung mit tibetischen Mönchen eine Fliege in ihrer Tasse.

Natürlich war das nichts, worum sie groß Aufhebens gemacht hätte. Sie lebte damals bereits seit über einem Jahr in Indien und war insgeheim stolz, sich von Würmern und Insekten nicht sonderlich beeindrucken zu lassen – Ameisen in der Zuckerdose, Spinnen in den Schränken und sogar Baby-Skorpione morgens in ihren Schuhen, wen störte das schon. Als sie aber die Fliege in ihrer Tasse sah, zog sie leicht angewidert die Stirn kraus.

Der Mönch Choigyal Rinpoche bemerkte es und fragte sie, ob es ein Problem gäbe. Joanna lächelte, um von vornherein deutlich zu machen, dass sie das Ganze nicht hoch aufzuhängen gedachte.»Da ist bloß eine Fliege in meiner Tasse«, erklärte sie. Auf keinen Fall wollte sie den Eindruck erwecken, dass sie sich von einem kleinen Insekt aus der Fassung bringen ließ.

Besorgt murmelte Choigyal Rinpoche:»Oh, eine Fliege ist in die Tasse gefallen.«

Joanna lächelte erneut, um den Rinpoche zu beruhigen. Es mache ihr wirklich nichts aus, betonte sie. Immerhin sei sie viel in der Welt herumgekommen, habe Erfahrung mit dem Leben in Entwicklungsländern und sei nicht von modernen Hygienekonzepten besessen. Mit einer großzügigen Geste wischte sie den Zwischenfall vom Tisch. Alles kein Problem! »Ich hole sie einfach heraus und trinke weiter meinen Tee.«

Daraufhin erhob sich Choigyal Rinpoche, beugte sich zu ihr herab, tauchte seinen Finger in ihre Tasse, fischte sehr vorsichtig die Fliege heraus und ging aus dem Raum. Die Anwesenden nahmen den Gesprächsfaden wieder auf, und Joanna fuhr fort in ihrem Bemühen, einen hochrangigen Mönch von dem Geschäftsmodell zu überzeugen, aus im Hochland hergestellter Wolle Teppiche zu weben und zu verkaufen.

Kurz darauf kehrte Choigyal Rinpoche ins Besprechungszimmer zurück. Über beide Ohren strahlend flüsterte er ihr zu: »Der Fliege dürfte es jetzt wieder gut gehen!« Er habe sie vor der Tür auf ein Blatt gesetzt und abgewartet, bis sie anfing, die Flügel zu bewegen. Sie sei unversehrt und würde schon bald wegfliegen können. Joanna brauche sich also keine Sorgen um sie zu machen.

Joanna Macy veröffentlichte diese Anekdote in ihrem Buch *Geliebte Erde, gereiftes Selbst* und gesteht, dass sie die Frage, ob es ein Problem gäbe, einzig aus ihrer eigenen Perspektive betrachtet habe. Choigyal Rinpoche hingegen habe den Blickwinkel der Fliege eingenommen. Ein Blick in sein strahlendes Gesicht genügte, um ihr klarzumachen, was sie übersehen hatte. Für sie selbst war es kein Problem, dass die Fliege in der Tasse gelandet war, für das Tier hingegen schon.

Mit einem Mal war die Nachricht, dass der Fliege nichts passiert sei, wichtiger für sie, als ihre Geschäftsidee durchzusetzen, und es wurde ihr warm ums Herz. Sie stand damit noch längst nicht auf einer spirituellen Ebene mit dem Mönch, aber der Perspektivenwechsel bereitete ihr unbeschreibliche Freude.

Als könnten wir über die Schwierigkeiten des Lebens einfach so hinweggehen, behaupten wir gern, dass etwas kein Problem sei. Würden wir aber den Fokus weg von uns selbst auf andere richten, sähe die Sache oft anders aus. Eine Perspektive, die ausschließlich egozentrisch bleibt, ist letztlich immer ein Problem.

Es zeugt von einem hohen Maß an Erleuchtung, nicht sich selbst in den Mittelpunkt des eigenen Denkens zu stellen, sondern eine größere Gemeinschaft, die alle Lebewesen mit einschließt, also die ganze Welt und nicht die eigene Person in den Vordergrund zu rücken. Solange wir uns selbst für das Maß aller Dinge halten, werden wir in der egozentrischen Rolle eines Menschen verharren, der sich nur um das eigene Überleben und seine eigenen Interessen kümmert. Jedes Problem, dem wir heutzutage in unserer Welt begegnen, beruht auf dieser ichfixierten Haltung.

Wenn es uns gelingt, die Welt mit den Augen von Choigyal Rinpoche zu sehen, belassen wir es nicht bei der Feststellung: »Mir geht es gut.« Wir fragen: »Geht es den anderen auch gut?«, »Ist das Leben auch für sie in Ordnung?«, »Sind auch sie glücklich?« Joanna Macy etwa schlägt als Übung vor, uns mittels Empathie-Meditation in einen Schwertwal hineinzuversetzen, um zu begreifen, wie sich ein vom Aussterben bedrohtes Lebewesen fühlt. Sie verspricht einen massiven Bewusstseinssprung.

Der Buddha sagte, es gebe keine bessere Eigenschaft, als den Schmerz anderer mitfühlen zu können. Spiritualität, das ist für mich die Erkenntnis, mit allen Lebewesen verbunden zu sein und andere genauso wertzuschätzen wie mich selbst; die Einsicht, dass Probleme anderer auch meine eigenen sein könnten. Wenn die Welt leidet, leide ich zwangsläufig mit. Lehren wie diesen verdankt Joanna Macy ihr weltweites Ansehen als spirituelle, ganzheitliche Umwelt- und Naturphilosophin.

Warum schreien Menschen, wenn sie wütend sind?

Der Abstand zwischen zwei Herzen

Ein buddhistischer Meister ging mit seinen Schülern zum Fluss, um ein Bad zu nehmen. Als sie am Ufer entlanggingen, begegneten sie einem Mann und einer Frau, die plötzlich anfingen, sich wütend anzuschreien. Die Frau hatte beim Baden ihre Kette verloren, und als der Mann ihr deshalb Vorwürfe machte, fing sie lauthals zu schimpfen an.

Der Lehrer blieb stehen und fragte seine Schüler: »Warum schreien Menschen, wenn sie wütend sind?«

Nach kurzem Nachdenken antwortete einer: »Schreit man nicht, weil man die Fassung verliert?«

Ein anderer vermutete: »Liegt es nicht daran, dass die Wut die Vernunft lähmt?«

Da fragte der Lehrer erneut: »Aber warum werden sie so laut, wo doch der andere direkt vor ihnen steht? Die Stimme zu erheben sorgt doch nicht dafür, dass man besser verstanden wird. Kann man nicht genauso gut leise sprechen, um zu vermitteln, was man sagen möchte?« Und noch einmal stellte er die Frage: »Warum also schreien Menschen, wenn sie wütend sind?«

Jeder der Schüler schlug irgendwelche Gründe vor, aber keine der Antworten schien den Kern der Frage zu treffen.

Schließlich erklärte der Meister: »Menschen haben das Gefühl, vom Herzen des anderen unendlich weit entfernt zu sein, wenn sie wütend sind. Sie schreien, um diese Distanz zu überbrücken. Sie glauben, dass sie ihr Gegenüber in der Ferne nur erreichen können, wenn sie ihre Stimme erheben. Je aufgebrachter sie sind, desto lauter schreien sie. Je mehr der eine schreit, desto wütender wird der andere, und desto größer wird die Distanz zwischen beiden. Und so werden ihre Stimmen immer lauter.«

Der Meister deutete auf das zunehmend in Rage geratende Paar:

»Wenn sie so weitermachen, entfernen sich ihre Herzen so weit voneinander, bis sie am Ende füreinander gestorben sind. Dann können sie noch so sehr brüllen, sie werden das tote Herz niemals erreichen. Und sie werden noch lauter schreien.«

»Was passiert, wenn sich zwei Menschen verlieben?«, fragte der Meister als Nächstes und fuhr fort: »Wer sich liebt, spricht leise und mit sanfter Stimme. Das liegt daran, dass Liebende ihren Abstand zueinander als überaus gering empfinden. Es besteht also kein Grund, sich gegenseitig anzubrüllen. Je inniger die Liebe, desto mehr schwindet die Distanz zwischen den Herzen, bis an den Punkt, an dem es keiner Worte mehr bedarf und die beiden Seelen miteinander verschmelzen. In diesem Zustand reicht es, einander anzusehen. Die beiden verstehen sich ohne Worte. So ist das mit der Wut und der Liebe.«

An seine Schüler gewandt, schloss der Meister mit dem folgenden Rat: »Lasst bei Meinungsverschiedenheiten nicht zu, dass sich das Herz des anderen entfernt. Stoßt ihn nicht weg, indem ihr eure Stimme erhebt, und wenn ihr noch so wütend seid. Es gibt dabei nämlich eine bestimmte Grenze, und wenn ihr die überschreitet, wird sich die Nähe nicht wiederherstellen lassen, und kein Weg führt mehr zur Versöhnung zurück.«

Die Allegorie, die uns der spirituelle Meister Meher Baba erzählt, führt uns vor Augen, was geschieht, wenn wir wütend aufeinander sind und uns anschreien, insbesondere wenn wir es in einer Liebesbeziehung, in der Familie oder Partnerschaft tun. Im Zorn verschließen wir unser Herz, sodass sich der andere abgelehnt fühlt. Das ist die Wirkung von Wut. Die Liebe dagegen öffnet die Tür zum Herzen und erzeugt ein Gefühl von Nähe zu einem Menschen, den wir bis dahin als fern erlebt haben. Das ist die Wirkung von Liebe.

Psychologen haben herausgefunden, dass nur 10 Prozent aller Konflikte auf tatsächliche Meinungsverschiedenheiten zurückzuführen sind. Die restlichen 90 Prozent resultieren aus einem unangemessenen Ton und Missklängen in der Stimme. Das Stimmvolumen ist kein Maß für das Rechthaben. In Beziehungen, in denen viel geschrien wird, sind die Herzen weit voneinander entfernt. In dem Versuch, sich dennoch Gehör zu verschaffen, wird die Lautstärke nach oben geregelt, was die Distanz noch einmal vergrößert. Das Schweigen nach dem Streit ist ein Zeichen dafür, dass auch die Herzen schweigen.

Oft sind es uns nahestehende Menschen, die wir anschreien. Nur selten lassen wir uns bei Fremden zu solchen Ausbrüchen hinreißen. Statt denen, die uns eng verbunden sind, unsere Liebe deutlicher zu zeigen, tun wir ihnen weh. Wenn Sie das nächste Mal in Zorn geraten, dann denken Sie an diese Geschichte. Daran, dass sich das Stimmvolumen proportional zum Abstand der Herzen verhält und wir mit unseren erhobenen Stimmen die Beziehung auseinandertreiben.

Es ist keineswegs so, dass der Angeschriene am meisten leidet; es ist derjenige, der schreit. Wer mit heißer Kohle wirft, verbrennt sich selbst zuerst. Wenn ich wütend auf andere bin, merke ich, wie mich meine Gefühle von der Umwelt isolieren. Schreien wir vielleicht deshalb, weil wir eine Beziehung als unendlich distanziert erleben, wir in ihr einsam sind und uns darin gefangen fühlen?

Es heißt, auf einer Insel im Südpazifik gäbe es ein Volk, das sich, wenn ein Baum im Wege steht, rings um ihn versammelt und ihn anzuschreien beginnt: »Was für ein nutzloser Baum du bist! Du hast keinen Wert!« Statt zu Axt oder Säge zu greifen, rufen alle: »Fall um! Fall um!« Und schon bald, so wird berichtet, würde der Baum verdorren und sterben. Wutgeschrei treibt nicht nur Menschen auseinander, es kann auch Seelen zerstören.

Wenn ein anderer uns anschreit, bedeutet das eigentlich, dass er uns braucht und die Entfernung zu uns verringern möchte. Um eine freundschaftliche Beziehung zu beschreiben, sagen wir auf Koreanisch: »Chob-chob-nam-nam«, und wir stellen uns dabei vor, wie man sich in heiterer Stimmung mit leiser Stimme unterhält, oder auch, wie zwei Liebende die Köpfe zusammenstecken und sich Koseworte zuflüstern. Das Rezept, um ein Auseinanderdriften Ihrer Beziehung zu verhindern, lautet also, mit leiser Stimme zu sprechen.

Ein letztes Lächeln
Balsam für ein verwundetes Herz

Vor einigen Tagen trank ich Tee mit der Schauspielerin Kim Hye-Ja, der Hauptdarstellerin des Films *Mother* (2009). Sie erzählte mir von ihren Erlebnissen in Liberia, Afrika. Mit einem Freiwilligenteam von Ärzten war sie in das Land gegangen, in dem ein über ein Jahrzehnt währender Bürgerkrieg Hunderttausende Menschenleben gefordert und die Hälfte der Bevölkerung in die Flucht getrieben hatte. An einem Tag begleitete sie einen der Ärzte zu einem Krankenbesuch in eine verfallene Lehmhütte.

Die Frau, die sie dort vorfanden, rang mit dem Tode. Als der Arzt sie abtastete, quoll unter seinen Fingern überall ekelhafter Eiter aus dem Körper hervor. Kim Hye-Ja fragte sich, wie ein Mensch überhaupt in einen solchen Zustand geraten konnte, und es schien ihr wie ein Wunder, dass die Frau überhaupt noch atmete. Der Arzt und sie brachten Stunden damit zu, die Haut der Patientin mit einer antiseptischen Lösung zu reinigen und den Eiter zu entfernen. Als sie fertig waren, tat die Frau friedlich ihren letzten Atemzug. Sie war erst Mitte 30.

Es schien, als hätte sie nur darauf gewartet, dass jemand kam, um sich um sie zu kümmern. In den armseligen Lebensbedingungen, in die sie hineingeboren worden war, hatte sie nie Zuwendung erfahren und wohl wenigstens ein einziges Mal auf eine helfende Hand gehofft. Während ihr von Keimen wimmelnder Körper gereinigt wurde, wich ihr anfänglich schmerzverzerrter Gesichtsausdruck einem friedlichen Lächeln. Sie war über und über von schmerzhaften Eiterbeulen bedeckt, und doch strahlte sie. Bevor sie ihre Augen für immer schloss, sagte sie dem Arzt und Kim Hye-Ja, sie sei nun glücklich.

Zwar hatte sie in ihrem kurzen Leben große Schmerzen erdulden müssen, dank der hingebungsvollen Hilfe aber verließ sie die Welt mit leichtem Herzen. Ihr sei dabei klar geworden, schloss Kim Hye-Ja ihre Geschichte, dass die Art und Weise, wie wir uns einem anderen gegenüber verhalten, das Letzte sein könnte, was er noch erlebt. Mit welchem Gefühl er aus der Welt scheidet, hängt davon ab, was wir sagen oder tun.

Vor einiger Zeit las ich in einer Meditationszeitschrift die Geschichte eines New Yorker Taxifahrers. Er wurde mitten in der Nacht angerufen, um einen Fahrgast abzuholen. Die angegebene Adresse lag in einem heruntergekommenen Viertel. Als er dort ankam, war es stockfinster und keine Menschenseele weit und breit zu sehen. Jeder andere hätte in einer solchen Situation einfach gewendet und wäre davonfahren, aber obwohl er ein mulmiges Gefühl hatte, hupte der Taxifahrer. Dann stieg er aus und ging zu dem angegebenen Gebäude hinüber. Als er an die Tür klopfte, antwortete eine Frau mit leiser Stimme, er möge sich bitte eine Minute gedulden.

Es dauerte eine ganze Weile. Dann öffnete sich die Tür, und eine alte Dame von schätzungsweise 80 Jahren stand vor ihm. Sie hatte eine kleine Reisetasche dabei. Mit ihrem Kleid und dem Hut mit Schleier sah sie aus, als käme sie direkt aus einem alten Hollywoodfilm. Nachdem ihr der Taxifahrer in den Wagen geholfen hatte, reichte sie ihm einen Zettel mit einer Adresse und bat ihn, den Weg durch die Stadt zu nehmen. Der Fahrer erklärte ihr, er könne sie in 20 Minuten an ihr Ziel bringen, wenn er die direkte Route nähme. Durch die Stadt würde die Fahrt mehrere Stunden dauern. Es gebe keinen Grund zur Eile, erwiderte die alte Dame, es ginge ins Seniorenheim.

Zwei Stunden lang fuhren sie kreuz und quer durch die Stadt. Einmal bat die alte Dame den Fahrer, vor einem Gebäude anzuhalten, in dem sie in jungen Jahren als Aufzugführerin gearbeitet hatte, und sie schaute lange aus dem Fenster. Als Nächstes fuhren sie in ein Viertel, in dem sie sich nach ihrer Heirat ihr erstes eigenes Zuhause eingerichtet hatte. Dann ließ sie vor einem Möbelhaus halten, in dem früher ein Ballsaal gewesen war. Dort hatte sie als junge Frau getanzt. Mal bat sie ihn, vor diesem, mal vor jenem Gebäude und mal an einer Straßenkreuzung stehen zu bleiben, und sie schaute vom dunklen Fond des Wagens aus wortlos auf die Szene, die sich ihr bot.

Dann war es so weit.

Als sie an dem kleinen, schäbigen Altersheim ankamen, wurde sie schon vom Personal erwartet.

»Ich muss jetzt gehen«, sagte sie, das Portemonnaie in der Hand. »Was bin ich Ihnen schuldig?«

»Nichts.« Der Fahrer stieg aus und half ihr aus dem Wagen.

»Vielen Dank«, sagte sie, und die beiden umarmten sich. »Sie haben einem alten Menschen die letzten freudigen Momente seines Lebens geschenkt.«

Ohne noch einmal umzuschauen, ging sie auf das Gebäude zu, und er hörte, wie die Tür hinter ihr ins Schloss fiel. Es war ein Geräusch, als würde sich die Tür ihres Lebens ein für alle Mal schließen.

Was wäre gewesen, wenn die alte Dame auf einen mürrischen oder ungeduldigen Fahrer getroffen wäre? Was, wenn er sich geweigert hätte, den langen Umweg zu fahren oder sie in dem heruntergekommenen Viertel gar nicht erst an Bord genommen hätte? Was wir tun, was wir sagen, die helfende Hand, die wir jemandem reichen – es könnte das Letzte sein, was er im Leben erlebt. Und mit diesem Gefühl wird seine Seele diese Welt verlassen.

Jim Corbetts Geschichte
Von den Freuden am Wegesrand

In Südkorea aß ich vor Kurzem mit dem indischen Konsul Bed Pal Singh zu Mittag, und wir kamen auf Jim Corbett zu sprechen, den legendären Tigerjäger, der Anfang des vorigen Jahrhunderts in Indien lebte. Zu dieser Zeit war es im Dschungel von Kumaon im Norden des Landes keine Seltenheit, dass Menschen von Tigern angefallen wurden. Die 33 Tiger und Leoparden, die Jim Corbett im Laufe seiner Jagdkarriere erlegte, hatten etwa 1500 Menschen getötet.

Jim Corbett wurde als Sohn eines britischen Postmeisters geboren und war von klein auf vom Dschungel und der Vielfalt an wild lebenden Tieren in seiner Umgebung fasziniert. Bereits in jungen Jahren kannte er die meisten Vogelarten und anderen Spezies und konnte sie benennen. Sein Interesse und seine Begeisterung für die Natur ließen ihn zu einem ausgezeichneten Spurenleser und Jäger werden. Der Mythos um Corbett entstand, als es ihm gelang, ganz allein den Tiger von Champawat zu erlegen, eine Aufgabe, an der die Armee ebenso wie zahlreiche andere Jäger gescheitert waren.

Es gehörte jedoch zu Corbetts unverhandelbaren Prinzipien,

nur diejenigen Tiger zur Strecke zu bringen, die erwiesenermaßen Menschen getötet hatten. Als überzeugter Umweltschützer gründete er Indiens ersten Nationalpark in Kumaron und übernahm eine führende Rolle in dem Bemühen, Wildtiere, allen voran den gefährdeten bengalischen Tiger, unter Artenschutz zu stellen. In Würdigung seiner Arbeit wurde der Nationalpark ebenso nach ihm benannt wie eine der fünf indischen Tigerarten.

Konsul Bed Pal erzählte mir die folgende beeindruckende Anekdote über ihn:

Einmal war Corbett mit einer Gruppe von Jägern im Dschungel am Fuß des Himalayas unterwegs. Es war April, und die Natur entfaltete gerade ihre ganze Pracht. Bäume, Sträucher und Kletterpflanzen blühten, bunte Schmetterlinge flatterten von Blüte zu Blüte. Die Luft war erfüllt vom Gezwitscher seltener Vögel und einem süßen, betörenden Duft. Es schien, als hätten die Frühlingsgefühle den ganzen Dschungel erfasst, denn die Zugvögel, die den Winter im Süden verbracht hatten, balzten, als gäbe es kein Morgen. Die Sonnenstrahlen, die durch das üppige Blattwerk der Bäume fielen, tauchten alles in ein geheimnisvolles Licht. Wohin man sich auch wandte, es war ein einziger Genuss für die Seele.

In diesen Anblick versunken, wanderte die Gruppe auf gewundenen Pfaden durch den Dschungel und erreichte gegen Abend das Camp. Als alles gerichtet war und die Jäger schließlich plaudernd beisammensaßen, fragte Corbett einen seiner Gefährten, ob ihm der Weg denn gefallen habe.

»Nein, absolut nicht!«, erwiderte dieser mürrisch. »Das Gelände war viel unwegsamer und alles viel anstrengender, als ich erwartet hatte.«

Der Mann hatte die ganze Zeit nur das Ziel vor Augen gehabt und war darum nicht in der Lage gewesen, die Schönheit der Natur ringsum zu genießen. Die Blütenpracht, das Zwitschern der Vögel, die Düfte – all dies war nicht an ihn herangedrungen. Der Weg durch den Dschungel war an vielen Stellen überwuchert gewesen, und sie hatten sich mit der Machete durch das Geranke kämpfen müssen. Immer wieder musste man sich Insekten vom Körper streifen und steile Anstiege bewältigen, auf deren schlammigem Untergrund es schwer war, Halt zu finden. Außerdem war da die Ungewissheit, ob man das Camp vor Sonnenuntergang würde erreichen können – und das angesichts der ständigen Angst vor all den unbekannten Gefahren, die da draußen lauerten.

Corbett indessen hatte beim Anblick der Wunder und Geheimnisse des wilden Urwalds alle Nöte und Sorgen vergessen. Einen Schritt vor den anderen setzend hatte er das Schauspiel der Natur genossen, und so war er am Lagerplatz angekommen, ohne es recht zu merken. Zwei Menschen waren denselben Weg gegangen, beladen mit Rucksäcken vom gleichen Gewicht, aber sie hatten ihn ganz anders empfunden. Was für den einen Mühsal war, empfand der andere als puren Genuss.

Auch wir übersehen gern die schönen Dinge, die uns im Streben nach Verwirklichung unserer Wünsche und Ziele unterwegs begegnen, obwohl gerade sie es sind, die das Leben bereichern. Der eine hat es eilig und weicht, um schnellstmöglich ans Ziel zu gelangen, Hindernissen tunlichst aus, während der andere die Geheimnisse des Weges ergründet und sich über unerwartete Wendungen freut. Für Letzteren ist das Leben ein kostbares Geschenk, an dem man auf keinen Fall vorbeigehen sollte, und das Ziel gibt nur die Richtung vor. Jeder weiß: Hat man ein Ziel erreicht, visiert man gleich das nächste an.

»Der Weg und der Augenblick sind das Ziel« – das ist ein Satz, der nicht nur beim Trekking durch den Dschungel, sondern für das ganze Leben gilt. In der Tat geht es beim Wandern in den Bergen und Wäldern der Welt nicht darum, zum Ziel zu hasten, sondern um das Erleben und Genießen eines jeden Moments auf dem Weg dorthin. Freude und andere Emotionen wiegen alle Anstrengung auf. Wenn wir Augenblick für Augenblick genießen, fällt es uns leicht, einen Schritt vor den anderen zu setzen, und wir erreichen wie nebenbei unser Ziel. Die Freude funktioniert auf mysteriöse Weise wie ein Kompass. Der Weg wird klarer.

Es ist das Erlebte, das bei einer Reise zählt. Wie wir uns fortbewegen und die Aufmerksamkeit und Wachheit, mit der wir jeden einzelnen Augenblick erleben, bestimmen die Qualität einer Reise. An welche Orte wir gelangen, ist letztlich nicht von Belang. Wir sind sowohl Reisender als auch die Reise selbst.

Zu der oben geschilderten Begebenheit schreibt Jim Corbett in einem seiner Bücher:

»Menschen, die sich nicht für den Boden interessieren, auf dem sie gehen, werden nicht glücklich, selbst wenn sie ihr Ziel erreichen.«

Oder, wie das Sprichwort sagt: »Wenn du kein Dichter sein kannst, sei ein Gedicht.«

Manchmal müssen wir uns wie diese Jäger durch den Dschungel des Lebens kämpfen. Aber der Duft – das eigentlich Wesentliche im Leben – entströmt den Blüten am Wegesrand und dem erlebten Augenblick, ganz gleich, wann wir unser Ziel nun erreichen. Statt den Blick starr nach vorne zu richten, genießen wir es also, unterwegs zu sein. Entspannen wir uns. Nehmen wir uns die Zeit, die kleine Blume zu betrachten, die aus der Mauerritze wächst.

Wer bin ich?

Der Tiger trägt seine Streifen außen auf der Haut, der Mensch trägt sie innen

Ich hielt mich eine Zeit lang in einem Meditationszentrum in der Nähe von Mumbai auf, und als eine meiner koreanischen Mitbewohnerinnen psychisch schwer erkrankte, wollte ich sie zu einem Psychiater bringen. Ich rief also in der Praxis an und vereinbarte einen Termin, wobei ich die Symptome der Patientin beschrieb. Der Arzt empfing uns freundlich. Er trug eine Hornbrille, die ihm ein intellektuelles Aussehen verlieh.

Nachdem wir auf sein Zeichen hin Platz genommen hatten, fragte er mich nach meinem Namen, nach Alter und Familienstand, meiner Krankengeschichte und dem Grund meines Aufenthalts in Indien. Ernst nickend notierte er meine Antworten. Er bat mich, den Mund zu öffnen und die Zunge herauszustrecken und studierte anschließend mit einem Ophthalmoskop die Iris meiner Augen. Ob ich unter Kopfschmerzen und ungewöhnlichen Ohrgeräuschen leide, erkundigte er sich. Offensichtlich hielt er mich für den Patienten.

Ehe ich erklären konnte, dass es sich nicht um mich, sondern um die Frau neben mir drehte, war der Mann anhand meines Aussehens und meiner Aura bereits zu dem Schluss gelangt, dass ich psychische Probleme habe. Meinen Tonfall, die Art, wie ich schaute, die Farbe meiner Zunge – alles betrachtete er unter diesem Aspekt. Um zu sehen, was passieren würde, verhielt ich mich bewusst merkwürdig und gab abwegige Antworten, woraufhin er jedes Mal mit ernster Miene nickte. Die eigentliche Patientin schaute abwechselnd mal den einen, mal den anderen von uns an, und es fiel ihr eindeutig schwer, sich ein Lächeln zu verkneifen. Offensichtlich fand sie das Ganze urkomisch. Da hatte doch ein indischer Experte aus heiterem Himmel eine psychische Störung bei mir festgestellt!

Ich denke oft, dass ich nicht der Mensch bin, für den andere mich halten. Ich begegne zwar vielen Leuten, aber sie sehen nicht wirklich mich, sondern die Vorstellung, die sie von mir haben. Selbst wenn wir uns lange kennen, liegen die Berührungspunkte, die es zwischen uns gibt, manchmal in so weiter Ferne, dass eine echte Begegnung unmöglich ist.

Einmal wollte ich im Affentempel in Kathmandu, Nepal, einen Moment ausruhen, und so setzte ich mich neben ein paar Bettler auf den Boden. Eine Koreanerin kam vorbei, warf mir eine Fünf-Rupien-Münze (ungefähr fünf Cent) zu und machte ein Foto. Dann erkannte sie mich plötzlich, und sie fragte mich mit vorwurfsvoller Miene, was mir denn einfiele, mich ausgerechnet an diese Stelle zu setzen. Ich tat, als wäre ich ein anderer, und sie schoss noch ein weiteres Foto.

Ich bin weder der, den andere in mir sehen wollen, noch halte ich mich dort auf, wo andere meinen, dass ich zu sein hätte. Als lebendiges Wesen ist es mir gegeben, mich von einem Augenblick zum nächsten in einen anderen zu verwandeln, und ich entscheide selbst, wer und wo ich sein will. Unglück und Unzufriedenheit beginnen in dem Moment, in dem wir selbst zu glauben beginnen, was andere von uns denken, oder anfangen, uns für das zu halten, was sie in uns sehen. Damit nämlich leugnen wir die Möglichkeit unserer eigenen Vielseitigkeit. Wir sind keine fest in Form gegossenen Gestalten, sondern eine Synthese aus unzähligen, allzeit wandelbaren Erscheinungsformen. In Ladakh gibt es ein Sprichwort:»Der Tiger trägt seine Streifen außen auf der Haut, der Mensch trägt sie innen.« Unsere inneren Streifen sind für andere nur schwer zu sehen. Ihr Muster ändert sich im Laufe des Lebens, denn in ihnen bilden sich unsere Wachstums- und Transformationsprozesse ab.

Das erste Kriterium, anhand dessen man einen Menschen beurteilt, ist sein Aussehen, das zweite seine Vergangenheit. Ich begegne oft Leuten, die sich aufgrund von Eindrücken eine feste Meinung über mich gebildet haben, die sie während unserer gemeinsamen Schul- oder Studienzeit gewonnen haben. Dabei haben wir damals womöglich kein einziges richtiges Gespräch miteinander geführt. Sie glauben felsenfest, das Bild aus längst vergangenen Tagen, an das sie sich erinnern, sei mein wahres Selbst.

Immer wenn wir über einen anderen Menschen sprechen, beziehen wir uns auf den, der er vor einigen Monaten oder Jahren einmal war. Gibt man einem, der so redet, zu bedenken, dass sich der oder die Betreffende inzwischen geändert haben könnte, weist er diese Möglichkeit meist vehement von sich. Es ist schon erstaunlich, welches Vertrauen manche Menschen in ihre eigenen Vorurteile und Bewertungen setzen.

Nietzsche schrieb in seinem Werk *Die fröhliche Wissenschaft*: »Man verwechselt uns – das macht, wir selbst wachsen, wir wechseln fortwährend, wir stoßen alte Rinden ab, wir häuten uns mit jedem Frühjahre noch, wir werden immer jünger, zukünftiger, höher, stärker.«

Es ist fast unmöglich, einen Menschen im konkreten Augenblick zu kennen, denn wir sind wie Bäume, die sich im unablässigen Weiterwachsen kontinuierlich neu verzweigen. Wir haben stets die Möglichkeit, uns täglich zu verändern und zu schälen. Selbst in einer langjährigen oder intimen Beziehung kann der andere nie wissen, welche Art von innerer Wandlung sich in der vergangenen Nacht oder an diesem Morgen in mir vollzogen hat oder welche meiner Hüllen ich abgelegt habe.

Der anonyme Verfasser der folgenden Worte spricht mir aus der Seele:

»Die Leute kennen deinen Namen, aber nicht deine Geschichte. Sie haben gehört, was du getan hast, aber nicht, was du durchgemacht hast. Übernimm also nicht unbesehen die Meinung, die sie von dir haben. Schließlich geht es nicht darum, was sie über dich denken, sondern darum, wie du selbst dich siehst. Manchmal musst du das Beste für dich und dein Leben tun. Nicht das, was in den Augen anderer das Beste für dich ist.«

Selbst wer sich verirrt, bleibt auf dem Weg. Alle Reisen
haben eine heimliche Bestimmung, von der der Reisende
nichts ahnt. Ohne all die vielen Umwege, Sackgassen und
Misserfolge wäre ich jetzt nicht derselbe. Ich bin geworden,
wer ich bin, weil sich mir diese Wege eröffnet haben. Eine
Frage sollten Sie sich immer stellen: »Ist mein Herz auf
diesem Weg mit dabei?«

Der Weg des Herzens
Man verläuft sich nicht,
selbst wenn man sich verirrt

Als ich bei meinen Eltern auszog und mich für ein Studenten-leben ohne sicheres Dach über dem Kopf entschied, um mich ungestört der Literatur widmen zu können, hielten mich die Leute für verrückt. Ich musste ein Semester wiederholen, weil ich die meiste Zeit des Tages damit zubrachte, Gedichte zu schreiben, und die Nächte hindurch Bücher las. Nachdem ich mein Koreanistik-Studium beendet hatte, wurde mir eine Stelle als Lehrer angeboten. Als ich das Angebot ausschlug, erklärte mich wieder alle Welt für unzurechnungsfähig. Genauso als ich meinen Job bei einem Zeitschriftenverlag kündigte, nachdem ich dort ein knappes halbes Jahr gearbeitet hatte.

Ich borgte mir Geld, um ein Café für Liebhaber klassischer Musik zu eröffnen, nur um es nach drei Monaten wieder zuzu-sperren. Natürlich fragten sich alle, ob ich bankrottgegangen sei. Als Nächstes verdingte ich mich als Straßenverkäufer an einem Zuckerwattestand, was große Verwunderung hervorrief. Als es am Ende des Sommers auch mit dieser Arbeit zu Ende war, lachten sie hinter meinem Rücken. Aber Zuckerwatte zu verkaufen ist nun einmal ein Saisongeschäft.

Im Herbst fing ich an, bei einem Verlag zu arbeiten, den ich im darauffolgenden Frühjahr verließ, was wiederum allen ein Rätsel war. Ich kehrte Seoul und dem Leben dort den Rücken und bezog eine verlassene Hütte an einem Berghang in der Provinz Gyeonggi-do. Da gaben mich die Leute endgültig auf. Als mir das Dasein in den Bergen unerträglich wurde und ich in einer Firma in Yeouido unterkam, waren sich alle einig, dass der Job nicht zu mir passe.

Ich las das Buch *Sweeper to Saint* (Deutsch etwa »Vom Straßenkehrer zum Heiligen«) von Baba Hari Dass und kündigte die Stelle, um das Buch ins Koreanische zu übersetzen, was in den Augen aller eine dumme Entscheidung war. Mein Manuskript wurde denn auch von mehreren Verlagen mit der Begründung »zu langweilig« abgelehnt.

Daraufhin beschloss ich, illegal in die USA einzuwandern und nach New York zu gehen, und man fragte: »Muss das sein?« Als ich nach zwei Monaten mein ganzes Geld zusammenkratzte, um mich in ein indisches Meditationszentrum zurückzuziehen, erntete ich befremdete Blicke. Alle meinten, ich sei wohl nicht ganz bei Trost, und rieten mir, in New York zu bleiben.

Als ich nach Seogwipo auf die Insel Cheju ging, wo ich keine Menschenseele kannte, sagten sie, ich würde vereinsamen, kamen dann aber zu jeder Jahreszeit angereist, um bei mir Urlaub zu machen. Zwei Jahre später kehrte ich nach Seoul zurück, und alle fragten mit sichtlichem Bedauern, weshalb ich so einen schönen Ort verlasse.

Immer wieder musste ich mich fragen lassen, wovon ich

eigentlich leben wolle oder ob ich nicht zu leichtsinnig sei. Auch dass ich nicht normal sei, bekam ich zu hören.

Da ich wiederholt nach Indien fuhr, empfahl man mir, doch auch einmal Europa und China zu bereisen, was ich nicht wollte. Wenn ich einmal im Jahr eine Zeit lang nach Indien ging, so tat ich es, um mich selbst und nicht das Land zu entdecken. Als das Manuskript zu meinem Gedichtband *Hätte ich damals schon gewusst, was ich heute weiß* fertig war, lehnten die Verlage es mit der Begründung ab, für Lyrik gäbe es keinen Markt. Bei meinem Essay *Reise an den Himmelssee*, den ich im Laufe von zehn Indienreisen schrieb, winkten sie ebenfalls ab und sagten: »Kein Leser interessiert sich für eine Reisebeschreibung von Indien.« Sie boten mir stattdessen an, mir die Reisekosten zu erstatten, wenn ich ein Buch über Frankreich oder Spanien schreiben würde. Auch meine koreanische Übersetzung des Buchs *Life Lessons* von Elisabeth Kübler-Ross mochte niemand veröffentlichen, handelten die Geschichten doch von Menschen kurz vor dem Tod. Als ihre Bücher dann aber zu Bestsellern wurden, kritisierte man mich dafür, zu kommerziell zu sein.

Selbst wer sich verirrt, verläuft sich nicht. »Alle Reisen haben eine heimliche Bestimmung, die der Reisende nicht ahnt«, sagte der große Religionsphilosoph Martin Buber. Ohne all die vielen Umwege, Sackgassen und Misserfolge wäre ich jetzt nicht derselbe. Ich bin geworden, wer ich bin, weil sich mir diese Wege eröffnet haben.

Menschen sind im Grunde ihres Wesens auf das Unterwegssein angelegt. Ich meine damit nicht nur die rein räumliche Fortbewegung, sondern auch den Prozess, der von der Gegenwart in die Zukunft führt, von der Geburt zum Tod. Im Lateinischen gibt es den Begriff des *homo viator*, des auf dem Weg befindlichen, wandernden Menschen. Wer sich auf Sinnsuche begibt, reist von Ort zu Ort, ohne sich irgendwo niederzulassen, in der Hoffnung, etwas zu finden, das das Leben lebenswert macht. In Asien wird diese Reise »der Weg« genannt. Ein *homo viator* ist glücklich, solange er unterwegs sein kann. Menschen, die ihre Träume aufgeben und sich an einem Ort niederlassen, verfallen in bloßes Mittelmaß. Nur diejenigen, die von zu Hause aufbrechen und sich die Zeit nehmen, sich mit sich selbst zu konfrontieren, kehren irgendwann als Erwachsene nach Hause zurück.

Wir stehen immer vor der Wahl. Die Entscheidung für einen Weg bedeutet den Verzicht auf die vielen anderen, die wir nicht gehen können. Woher wissen wir aber, ob der Weg, den wir gerade gehen, der richtige ist? Carlos Castaneda, Anthropologe an der *University of California and Los Angeles*, UCLA, berichtet von seiner Begegnung mit Don Juan Matus, einem Ureinwohner vom Stamme der Yaqui, den er bei einer Studie zu den Einsatzmöglichkeiten von Heilpflanzen in Mexiko kennenlernte. Dieser habe ihm folgenden Rat ans Herz gelegt:

»Jeder Weg ist nur einer von vielen. Das gilt auch für den, auf dem du gehst. Daran solltest du immer denken. Sobald du das Gefühl hast, dass du ihm nicht mehr folgen kannst, solltest du ihn auf keinen Fall weitergehen. Wenn du dich zum

Stehenbleiben und zum Verlassen des Weges gedrängt fühlst, ist das kein Angriff weder gegen dich selbst noch gegen andere.

Eine Frage solltest du dir also immer stellen: ›Ist mein Herz auf diesem Weg mit dabei?‹ Wenn ja, ist er gut gewählt; ansonsten macht es keinen Sinn, ihn weiterzugehen. Wenn du einen Weg mit ganzem Herzen gehst, kommst du gut und leicht voran, und du wirst eins mit ihm. Gehst du aber einen Weg, der dein Herz nicht mit einschließt, wirst du dein Leben verfluchen. Der eine Weg macht dich stark, der andere schwach.«

Das ganze Leben besteht aus Entscheidungen. Darum müssen wir wissen, ob wir auf dem richtigen Weg sind. Er sollte uns Freude bereiten und Abwechslung bieten; und individuell sollte er sein.

Leben bedeutet, Vertrautes loszulassen und einen Weg einzuschlagen, der sich für uns richtig anfühlt. Wir werden nicht zu Verlierern, bloß weil wir den ausgetretenen Pfad verlassen, den die meisten anderen gehen. Uns der Allgemeinheit anzuschließen, bewahrt hingegen nicht vor Fehlern.

Um dem Weg des Herzens zu folgen, müssen wir uns trauen, gegen den Strom zu schwimmen. Erwarten Sie nicht, dass alle Welt Sie liebt und Ihre Reise verstehen wird. Es ist Ihr Weg! *Homo viator* zu sein bedeutet auch, eigene Antworten zu finden, statt die der anderen zu übernehmen.

Wer dem Weg seines Herzens folgt, strebt nicht nach Glück, er wird von ihm begleitet. Glück ist kein Ziel, sondern etwas, das man unterwegs findet. Dem Glück nachzujagen bedeutet, den Weg des Herzens noch nicht gefunden zu haben. Wer immer Sie sind und wo immer Sie sein mögen, gehen Sie den Weg, zu dem es Sie hinzieht! Ist das Herz mit dabei, blüht der Mensch auf.

Die blaue Blume
Und welches ist Ihr Sehnsuchtsbild?

In seinem stilprägendem Romanfragment *Heinrich von Ofterdingen* nutzt Novalis das für die Romantik typische Motiv der blauen Blume. Noch vor der eigentlichen Handlung erfährt man, wie der Protagonist Besuch von einem Fremden erhält, der ihm von geheimnisvollen Fernen und einer Wunderblume erzählt – ein Sehnsuchtsbild, das in dem jungen Mann die Ahnung weckt, dass er zum Dichter geboren sei. Eines Tages erscheint ihm im Traum just diese blaue Blume, und als er sich ihr nähert, erkennt er in ihrem Kelch das Gesicht eines Mädchens.

Von einem unstillbaren Verlangen ergriffen, verfällt er in Schwermut. Um ihn auf andere Gedanken zu bringen, nimmt ihn seine Mutter mit auf eine Reise in ihre Heimatstadt Augsburg. Sie kommen dabei durch viele Städte, wo Heinrich diverse Bekanntschaften macht, mit Kaufleuten, einem Bergmann, einem Einsiedler und Kreuzrittern. Und von jedem bekommt er Märchen und Geschichten zu hören.

In Augsburg angekommen, lernt er ein Mädchen namens Matilde kennen. In ihr erkennt er die blaue Blume aus seinem

Traum. Die beiden verlieben sich, doch Matilde stirbt plötzlich und unerwartet. Auf seinem langen Heimweg begreift Heinrich, dass Poesie überall existiert und die Welt selbst eine blaue Blume ist. Diese Erkenntnis ist es, die ihn wahrhaft zum Dichter reifen lässt.

Als ich diesen Roman zum ersten Mal las, war ich etwa 20 Jahre alt. Es war während meines Studiums, als ich eines Tages am Rande des Campus einen ausländischen Kommilitonen auf einer Treppe sitzen sah. Er befand sich im Schneidersitz, mit den Händen auf den Knien, und starrte in die Ferne. Als ich näher kam, machte er auf mich einen außerordentlich friedlichen Eindruck. Der Lärm ringsum schien ihn nicht zu stören. Zu jener Zeit gab es auf dem Campus täglich Demonstrationen gegen das autoritäre Regime, und es lag der Geruch von Tränengas in der Luft. Die Hörsäle waren geschlossen, und Steine und Molotowcocktails flogen immer wieder unter den in voller Blüte stehenden Kirschbäumen hin und her.

Es war beeindruckend, diesen Fremden inmitten all der Unruhen so friedlich und unaufgeregt dasitzen zu sehen. Ich blieb in ein paar Schritten Entfernung stehen und wartete, bis er sich nach langer Zeit endlich erhob. Dann erst trat ich auf ihn zu und sprach ihn in meinem schlechten Englisch an. Er sei Inder, erklärte er mir, und habe meditiert. »Meditieren« – den Begriff hörte ich damals zum ersten Mal, doch seltsamerweise prägte er sich mir tief in die Seele ein. Der Student war der erste Inder, dem ich begegnete, und zugleich der erste, der mich neugierig aufs Meditieren machte. Er war ein Mann mit sanften großen Kuhaugen und einer Lücke zwischen den Schneidezähnen.

Kurz nach dieser Begegnung trat ich der Theatergruppe der Uni bei und verbrachte viel Zeit mit den Proben für ein Stück, als mich ein Freund besuchen kam, der an der TU studierte. Ohne große Umschweife fragte er mich, ob ich nicht mit ihm nach Indien fahren wolle. Es gäbe dort eine Stadt, deren Gassen sich wie ein Spinnennetz verzweigten, sodass wir beide darin verschwinden könnten. Ich gab ihm eine ausweichende Antwort; wenn überhaupt, könne ich erst nach der Premiere des Theaterstücks fahren. Dennoch tauchte in diesem Moment erstmals der Gedanke in mir auf, dass ich in Indien Meditieren lernen könnte.

Dieser Freund hatte auch eine Lücke zwischen den Vorderzähnen, sodass sein Gesicht vor meinem geistigen Auge mit dem des Inders verschmolz.

Als ich mit dem Studium fertig war, suchte ich mir zunächst einen Job in einer Firma, um meinen Lebensunterhalt zu verdienen, doch der Gedanke, nach Indien zu gehen, ließ mich nicht mehr los. Das war wohl der Grund, warum ich die Arbeit alles andere als beglückend empfand. Nach einer Weile bekam ich psychische Probleme, die bis hin zu Selbstmordgedanken reichten. Nur die Vorstellung, dass ich »vorher« noch nach Indien musste, gab mir den Willen weiterzuleben. Diese Reise nach Indien war meine *blaue Blume*, und sie sollte über mein ganzes weiteres Schicksal bestimmen. Nach Novalis sind Schicksal und Seele ein und dasselbe. »Wir sind mit dem

Unsichtbaren näher als mit dem *Sichtbaren* verbunden«, lautet eines seiner berühmten Zitate. So schlüpfte ich selbst in die Rolle seines Romanhelden und machte mich auf die Suche nach meinem Sehnsuchtsbild. Ob ich es gefunden habe, weiß ich nicht. Was ich aber weiß, ist, dass ich noch unterwegs bin – auf Wegen, die miteinander verbunden sind und an ein Ziel führen. Und dass diese Reise bis an mein Lebensende dauern wird. Auf meiner Suche nach der blauen Blume lernte ich die verschiedensten Menschen und deren Lebensweise kennen, und diese Begegnungen ließen mich wachsen. Ich erkannte auch, dass das Wahre überall auf der Welt zu finden ist.

Was ist Ihre blaue Blume? Wonach sehnen Sie sich aus tiefstem Herzen, während Sie ein angepasstes Leben führen? Die Leute mögen es als Illusion bezeichnen – und dennoch: Was ist das *summum bonum* (lateinisch: das höchste Gut), nach dem Sie streben?

Möglicherweise gibt es Ihre blaue Blume nicht auf dieser Welt. Und selbst wenn Sie sie finden, vielleicht erweist sie sich als Illusion und zerbricht oder zerfällt. Das eigentlich Wertvolle an der blauen Blume ist jedoch die Suche danach und die damit verbundene Wanderschaft. Was zählt, ist nicht das Ziel, sondern die Reise an sich, die uns irgendwann ans Ziel bringt. Sie bricht das alte Ich in seine Einzelteile auf und baut es neu zusammen. Auch wenn es im täglichen Leben viele konkrete Herausforderungen zu meistern gilt – ohne den romantischen Traum von der blauen Blume blieben wir ein Leben lang ausschließlich in der materiellen Welt mit all ihren Problemen gefangen. Der persische Dichter Rumi empfiehlt uns aufzubrechen, um Schritt für Schritt unseren eigenen Mythos zu entfalten. Dann werde der Moment kommen, in dem wir einfach unsere Flügel ausbreiten und fliegen, wenn uns die Beine zu müde und schwer geworden sind.

Der optimale Zeitpunkt ist jetzt

Die Geschichte zweier Astrologen

Astrologie ist in Indien derart weit verbreitet, dass manche es *das* Land der Astrologen nennen. Allen Kindern wird mittels Geburtshoroskop ihr Schicksal prophezeit. Diese Weissagungen wirken in fast alle Lebensbereiche hinein, von der Berufsausbildung über die Wahl des Ehepartners, von Wohnungswechseln und Reiseplänen bis hin zu Geschäftsentscheidungen.

Mein indischer Freund Sunil Tiwari, selbst Astrologe, rät mir jedes Mal, wenn ich nach Indien komme, aus welcher Richtung ich nicht anreisen oder welche Farbe ich nicht tragen soll. Ich erschrecke ihn dann, indem ich absichtlich weiter bei meiner gewählten Route bleibe oder Kleidung in ebendieser Farbe wähle.

Der wichtigste Faktor in der Astrologie ist die Zeit. Sie ist die Kraft, die über alle Dinge im Universum herrscht und in der Welt, in der wir leben, verkörpert zum Ausdruck kommt. Nach C. G. Jung prägen sich in alles, was zu einer bestimmten Zeit geboren wird, unauslöschlich deren Merkmale ein.

In Jaipur, einer der Städte mit besonderer astrologischer Tradition, die wegen ihrer rosarot gestrichenen Gebäude auch

»Pink City« genannt wird, lebte einmal ein Astrologe. Er war ein ausgezeichneter Himmelsbeobachter und Sterndeuter, aber seine Frau war unzufrieden mit ihm.

»Tagaus, tagein starrst du nur in deine astrologischen Bücher«, beschwerte sie sich. »Aber fällt aus der Konstellation etwa Reis heraus, liefert sie Mehl? Du musst Geld verdienen! Von irgendetwas müssen wir leben!«

Ein ums andere Mal versuchte ihr Mann, sie zu beschwichtigen. Sie solle ihm vertrauen, sagte er. Er strebe nicht umsonst nach Wissen. Es gehe darum, alle möglichen Konstellationen durchzurechnen, um so den einen allergünstigsten Moment in der Geschichte des Universums vorherzusagen. Wenn er gekommen sei, würden sich Maiskörner in Gold verwandeln.

Die Frau aber schimpfte: »Wie lange willst du mir noch mit dieser absurden Geschichte kommen? Wenn du auch nur ein einziges Mal ein solches Wunder bewirkt hättest, wären wir jetzt nicht so arm. Wie willst du Mais in Gold verwandeln, wo du nicht einmal in der Lage bist, das Geld für eine einzige Mahlzeit zu verdienen?«

Doch wie sehr ihm seine Frau auch zusetzen mochte, der Astrologe ließ sich nicht beirren und brütete weiter über seinen Berechnungen, bis es eines Tages so weit war: Der lang ersehnte glückverheißende Moment stand endlich vor der Tür. Durch eine äußerst seltene Planetenstellung würde sich die gesamte Energie des Kosmos in einem bestimmten Augenblick bündeln.

Mit ernster Miene weihte er seine Frau ein: »Ich will nun meditieren, um die Energie des Universums genau im passenden

Augenblick auf uns zu ziehen. Stelle einen Topf auf den Herd, damit er schön warm ist, und halte die Maiskörner bereit. Wenn ich dir das Signal gebe, schütte den Mais sofort in den Topf. Sie werden wie Popcorn platzen und sich in pures Gold verwandeln. Auf keinen Fall darfst du diesen Moment verpassen. Verliere keine Sekunde, sonst verstreicht diese Chance, die sich nur einmal in tausend Jahren ergibt.«

Seine Frau erwiderte ruhig und wahrheitsgemäß: »Wir haben kein einziges Maiskorn im Haus, und es ließe sich keins finden, selbst wenn ich alles mit der Lupe absuchen würde. Wie willst du da Gold machen?«

Der Astrologe überlegte nicht lang. »Warum gehst du nicht einfach zu unserer Nachbarin und leihst dir von ihr etwas aus?«

Die Frau ging also ein Haus weiter, klopfte an die Tür und fragte, ob die Nachbarin ihr eine Schüssel Mais borgen würde. Da fragte diese neugierig: »Wofür brauchst du denn plötzlich so viel Mais?« Und so erzählte sie ihr von der astrologischen Prognose ihres Mannes.

Die Nachbarin hatte ein Einsehen und gab ihr, worum sie gebeten hatte. Als sie wieder allein war, überlegte sie, dass die glückverheißende Konstellation, die sich nur einmal in tausend Jahren ereignete, ihr segensreiches Wirken sicher nicht nur im Haus des Astrologen entfalten würde. Sie beschloss also, die seltene Gelegenheit selbst zu nutzen, entfachte hastig ein Feuer, erhitzte den Topf und stellte genug Maiskörner bereit. Dann lauschte sie an der Wand zu den Nachbarn.

Auch die Frau des Astrologen stellte ihren Topf auf den Herd und die Schüssel mit dem Mais bereit und wartete auf das Zeichen ihres Mannes. Der saß in Meditation versunken da, bis er schließlich rief: »Jetzt!« Augenblicklich schüttete die Nachbarin den Mais in den heißen Topf.

Der Frau des Astrologen aber mangelte es an Zuversicht und sie fragte: »Soll ich den Mais wirklich jetzt in den Topf tun? Bist du dir sicher? Schau noch einmal genau hin.«

Der glückverheißende Moment des Universums war vorbei, noch bevor der Astrologe antworten konnte. Und schon war die »goldene Gelegenheit« verflogen Der Astrologe war sehr enttäuscht und schimpfte mit seiner Frau, die all seine Mühe in Rauch hatte aufgehen lassen.

In diesem Augenblick klopfte die Nachbarin an die Tür und hielt ihnen lachend ihren Topf entgegen. Er quoll über vor glänzenden Goldkügelchen. Um sich zu bedanken, gab sie ihnen ein paar davon ab.

Die Frau des Astrologen traute ihren Augen kaum. »Lass es uns noch einmal probieren!«, sagte sie zu ihrem Mann. »Holen wir den glückverheißenden Moment zurück! Dieses Mal werde ich die Chance nicht verpassen!«

Da raufte sich der Mann die Haare und schrie: »Wie sollte das gehen? Ich kann doch die Zeit nicht zurückdrehen! Das Universum bewegt sich weiter. Ein Moment, der einmal vergangen ist, ist für immer verloren, wenn du ihn verpasst!«

Wir haben ständig das Gefühl, in unserem Leben etwas zu verpassen; was wir aber am häufigsten verpassen, sind diese ganz besonderen Momente. Das Leben ist bereit, uns zu geben, was wir brauchen, und in solchen Augenblicken ist jede Stellung der Planeten perfekt.

Auch in Guwahati im indischen Bundesstaat Assam, ebenfalls eine »Stadt der Astrologie«, lebte ein Astrologe mit seiner Frau. Die beiden nahmen keine Tätigkeit in Angriff und trafen keine Entscheidung, ohne zuvor die Konstellation der Planeten und die Aspekte der zwölf Sternbilder zu studieren und den geeignetsten Zeitpunkt für ihr Vorhaben zu bestimmen.

Eines Nachts wachten die beiden von einem seltsamen Geräusch im Haus auf. Der Mann flüsterte seiner Frau zu: »Ich glaube, bei uns bricht gerade jemand ein. Hast du das Geräusch auch gehört?«

Seine Frau raunte zurück: »Ja, es muss ein Einbrecher sein! Wer sollte sonst nachts bei uns unten in der Stube rumoren?«

Da war es wieder, das Geräusch. Es hörte sich tatsächlich so an, als würde jemand das Haus durchsuchen.

Die Frau bekam es mit der Angst zu tun. »Vielleicht sollte ich laut schreien, dass bei uns ein Einbrecher im Haus ist? Dann werden uns die Nachbarn zu Hilfe eilen!«

Der Astrologe war dagegen: »Auf keinen Fall! Du weißt es doch. Etwas so Wichtiges können wir nicht tun, ohne zuerst das *Nakchatra* (die Mondbewegung), das *Raschi* (die zwölf Sternbilder) und das *Dasha* (den Planetenzyklus) zu befragen. Ich hole gleich meine Bücher und die Himmelskarten und werde berechnen, wann ein günstiger Moment ist, um nach Hilfe zu rufen.«

Auf Zehenspitzen schlich er zu seinem Schreibtisch, zog Bücher und Karten hervor und begann im fahlen Mondlicht zu rechnen.

»Und?«, fragte seine Frau ungeduldig. »Was sagen die Sterne?«

»Meiner Berechnung zufolge ist der beste Moment in sechs Monaten«, gab der Mann zurück. »Einen anderen, der günstig wäre, gibt es vorher nicht. Heute ist kein guter Zeitpunkt zum Schreien. Wir haben keine andere Wahl, als bis dahin zu warten. Schlafen wir also jetzt lieber weiter.«

Seine Frau war sich nicht sicher, ob sie wirklich so lange warten sollten. Bis dahin hatten sie sich jedoch in allen wichtigen Fragen nach den astrologischen Berechnungen gerichtet, und so beugte sie sich auch jetzt der Entscheidung ihres Mannes. Um die Geräusche im Wohnzimmer nicht hören zu müssen, zogen sich die beiden die Decke über den Kopf und versuchten zu schlafen.

Für den Einbrecher war es ein Glückstag. Er hatte freie Hand zu tun, wozu er gekommen war, und konnte anschließend das Haus in aller Gemütsruhe verlassen.

Am nächsten Morgen kam für die Eheleute das böse Erwachen: Ihr Haus war komplett ausgeräumt worden. Aber was sollten sie tun? Um den Einbruch bei der Polizei anzuzeigen, war der Zeitpunkt nicht geeignet. Sechs Monate später standen die Sterne endlich günstig. Schon im Morgengrauen wachte der Astrologe auf, und zu allem entschlossen, rief er:

»Warte, Dieb, ich werd's dir zeigen!«

Er rüttelte seine Frau aus dem Schlaf. Sie schauten sich fest in die Augen und schrien aus Leibeskräften:

»Einbrecher! Einbrecher! Hilfe!«

Sofort rannten die Nachbarn herbei. Aber sie fanden nur das Ehepaar in ihrem leeren Haus vor. Von einem Einbrecher war weit und breit keine Spur.

»Wo ist denn der Einbrecher?«, wollten die Leute wissen.

»Oh«, sagte der Astrologe. »Der war vor sechs Monaten da und hat sich längst aus dem Staub gemacht. Aber wir haben erst heute um Hilfe gerufen, weil der Zeitpunkt damals nicht günstig war. Heute stehen die Sterne wirklich gut.«

Die Nachbarn gingen wieder nach Hause und wussten nicht, ob sie lachen oder weinen sollten.

Mag sein, dass alles und jedes im Universum unser Leben beeinflusst, aber wir selbst sind es, die von Moment zu Moment über unser Schicksal entscheiden. Was immer wir aufgrund von Berechnungen und Ängsten verschieben, wir haben den Zeitpunkt verpasst, denn der richtige Zeitpunkt ist jetzt. Der Frühlingstag des Lebens ist im Hier und Heute – ein Tag zum Handeln, ein Glückstag eben.

Über das Staunen
Wie man Farbe in den Alltag bringt

Der dem Geist der Ästhetik verpflichtete französische Schriftsteller Michel Tournier führt in seinem Prosaband *Célébrations* das Wort »volvation« als Begriff dafür ein, wie sich ein Körper bei der geringsten Gefahr zusammenrollt wie ein Igel. Bezogen auf Menschen, meint es das reflexhafte Sich-Verschließen vor der Welt und die Verweigerung von jeglichem Kontakt. Der Igel weiß, wie man sich verteidigt, ohne zu kämpfen, und wie man verletzt, ohne anzugreifen. Er ist Meister in der Kunst der passiven Verteidigung, der *volvation*.

Einmal hörte ich auf der Veranda des Gästehauses, in dem ich mich einquartiert hatte, zufällig mit an, wie ein Mann zwei koreanischen Frauen von seinen Reiseerlebnissen erzählte. Seit drei Monaten sei er nun schon in Indien und habe fast alle bekannten Städte und Sehenswürdigkeiten gesehen. Die Koreanerinnen, die gerade angekommen waren, lauschten seinen Ausführungen mit einer Miene, aus der die Vorfreude immer mehr zu weichen begann und stattdessen der Angst Platz machte. Der Mann äußerte sich nämlich sehr abfällig über die Orte, an denen er gewesen war.

In Delhis Unterkünften durchstöbere man das Gepäck der Gäste, das Taj Mahal sei völlig heruntergekommen und man sei vor Betrügern und Taschendieben nicht sicher, und in Kalkutta könne man kaum atmen, so sehr sei die Luft mit Abgasen verpestet. In Rajasthan bekäme man nur Omeletts zu essen, die nach nichts schmeckten, man würde einem K.-o.-Tropfen ins Getränk geben, und es wimmle nur so vor männlichen Sextouristen, die bei einheimischen Frauen zu landen versuchten. Und sogar in Varanasi, der heiligsten Stadt des Hinduismus, sei äußerste Vorsicht geboten, denn schon die Kinder seien dort nur hinter dem Geld her.

Bei all den Warnungen, in denen sich Worte wie »in Acht nehmen«, »Vorsicht«, »aufpassen«, »dorthin besser nicht« und »lieber bleiben lassen« aneinanderreihten, schienen die beiden Frauen schon am Tag ihrer Ankunft zu bereuen, überhaupt hergekommen zu sein. Als ich dem Mann so zuhörte, fragte ich mich, warum er überhaupt drei Monate lang durch Indien gereist war. Gab es irgendeinen Ort auf der Welt, an dem er sich wohlfühlen konnte, außer vielleicht in seinem Schlafsack? Er schien in einem selbst geschaffenen Panzer namens Ego zu stecken, aus Furcht, die Welt an sich heranzulassen. Das Einzige, was er ihr entgegenstreckte, waren seine Stacheln, was dazu führte, dass sich die beiden Frauen ebenso einigelten wie er selbst. Ob er das beabsichtigt hatte?

Michel Tournier ist überzeugt, dass ein bekümmerter Mensch nichts bewundern kann und sich schwertut, mit anderen

Freundschaft zu schließen. Freundschaften nämlich entstünden aus Wertschätzung. Nach seiner Vorstellung gibt es in der Natur keine Farben, sondern nur Schwarz und Weiß, ja, die Welt sei im Grunde genommen achromatisch. Erst unsere Augen und unsere Bewunderung seien es, die dieser Realität Farbe verleihen. Er formuliert es so:

»Ich bin dir mit Hochachtung begegnet, und du hast es mir hundertfach vergolten. Ich danke dir, mein Leben!«

Die Welt ist unvollkommen, und auch der Mensch hat seine Schwächen. Es ist die gegenseitige Würdigung, durch die sich beide ergänzen und miteinander verbinden. Von einer Blume am Wegesrand bis zum Rand der Galaxie, von den ersten Zähnen eines Kindes bis zum Gesang der Delfine – wohin wir auch schauen, die Welt hält überall Wundersames bereit, das wir bestaunen können. Fehlt uns die Wertschätzung im Umgang miteinander, sind wir Menschen bloß niedere Geschöpfe. Nichts heilt besser, als gewürdigt zu werden.

Aus der Feder eines Naturforschers stammt folgende Empfehlung: »Bemessen Sie Ihren Gesundheitszustand daran, wie ergriffen Sie morgens und im Frühling sind. Sollten Sie nicht auf das Erwachen der Natur reagieren, nicht voller Erwartung und Vorfreude auf einen Morgenspaziergang aufstehen oder das erste Zwitschern eines Vogels in aller Frühe als energetisierend erleben, wissen Sie, dass Sie Ihr eigenes Frühlingserwachen, Ihren eigenen Morgen, bereits hinter sich haben.«

Ob Bäume ihre Äste den Handlinien von Göttern gleich in den Himmel strecken oder in der ersten Morgendämmerung einzig das Licht von Blüten den Garten erhellt – wir sind es, die all das zum Leben erwecken. Es liegt an uns, einen Vogel durch seinen Gesang auf unserem täglichen Weg zwischen schäbigen Mauern der Stadt zu entdecken. Gehen wir achtlos über solche Dinge hinweg, versinken sie unbestaunt im ewigen Vergessen.

Ich vertraue darauf, dass die drei Indienreisenden früher oder später ihre *volvation* aufgeben und ein Auge für die Schönheit der Welt entwickeln werden. Auf meinen ersten Reisen war ich genau wie sie. Frustriert von den Widrigkeiten und der Absurdität der ungewohnten Umgebung, bereute ich, mich überhaupt auf den Weg in dieses Land gemacht zu haben. Das Stachelkleid, in dem ich mich eingerollt hatte, trennte mich von der Welt. Dann begann ich allmählich, zu den Melodien der Sitar im Rhythmus zu nicken, erfreute mich am Anblick der Frauen in ihren bunten Saris und ließ mir die Morgensonne, wenn sie über dem Ganges aufging, direkt ins Herz hineinscheinen. Einmal stand ich mitten in der Nacht auf einem Bahnhof, ergriffen und begeistert von dem, was ich sah.

Solche Momente waren wie eine Offenbarung. Einmal nahm ich einen Fernzug, in dem die zulässige Fahrgastzahl um das Fünffache überschritten war. Die Szene, die sich mir in den Waggons bot, glich einem Schlachtgetümmel. Als es mir mit Mühe und Not gelungen war, mich durch die Menschenmenge zu meinem reservierten Sitzplatz durchzukämpfen, saßen da bereits drei Inder. Es war nicht einmal mehr genug Platz für meinen Rucksack. Kaum hatte ich mich dazu gezwängt und in dem schmalen Spalt am Fenster Platz genommen, baumelten mir schmutzige Füße vor dem Gesicht, denn selbst oben im Gepäck-fach saßen die Leute dicht an dicht.

Wie ich so dasaß und versuchte, mich mit der unbequemen Wahrheit anzufreunden, dass ich die nächsten 20 Stunden so würde verbringen müssen, geschah etwas Überraschendes. Ein Junge und ein Mädchen in schäbigen Kleidern tauchten von irgendwoher zwischen den Fahrgästen auf, blieben direkt vor mir stehen und begannen zu singen. Das Mädchen trug mit zarter Stimme ein *Ghasel* vor, einen jener vierzeiligen Verse, wie sie in Indien, Arabien und der Türkei in der ethnischen Musik bekannt sind, und der Junge begleitete sie auf einer alten Trommel. Alle, auch ich, lauschten dem Lied. Als die Melodie verklungen war, zog ich fünf Rupien aus der Tasche und drückte sie dem Mädchen in die Hand. Die Finger fest um das Geldstück geschlossen, sang es eine Zugabe. Mit ihrer kleinen Darbietung verwandelte sie den chaotischen Zug in einen stillen Konzertsaal.

Was mir das Reisen schenkt, ist eine tiefe Freude am Leben und an der Welt. Es heißt, Bergleute würden sich nie über die Massen an Gestein beklagen, die sie zu bearbeiten haben. Ihr Auge ruht stets auf dem einzelnen Stein und nimmt ihn in seiner Einzigartigkeit wahr. Das bewundernde Herz verwandelt alle Steine in Juwelen. Wer ist also reich? Menschen, die bewundern können. Menschen, denen diese Gabe fehlt, gehören zu den ärmsten der Welt.

In seinem Werk *Uns nährt die Erde* schreibt André Gide: »Betrachte den Abend, als müsste der Tag an ihm sterben, und den Morgen, als würde dort alles geboren. Möge deine Wahrnehmung in jedem Augenblick neu sein. Weise ist, wer über alles staunt.«

Welche Worte möchten Sie der Nachwelt hinterlassen, wenn Sie sich am Ende Ihrer Reise von diesem Planeten verabschieden? Welchen Rat würden Sie einer neuen Seele geben, die sich anschickt, in diese Welt hineingeboren zu werden? Würden Sie sie die Haltung der *volvation* lehren, indem Sie ihr eine lange Litanei von Dingen vorbeten, vor denen man sich auf der Erde in Acht nehmen sollte? Oder erzählen Sie ihr von all dem, was es auf dieser Welt zu bewundern gibt und für das man sich auf Schritt und Tritt begeistern kann? Weniger einigeln, weniger kritisieren, mehr staunen!

Vom Wert der namenlosen Begegnung
Betrachtungen über den Wasserpfeffer in meinem Garten

Wasser soll angeblich die schönsten Eiskristalle bilden, wenn man zu ihm »Ich liebe dich« oder »Danke« sagt. Jeden Morgen trete ich vors Haus auf die Terrasse und begrüße den Wasserpfeffer mit einem »Guten Morgen!«. Die Pflanzen sind klein, aber sie gedeihen prächtig. Ich habe sie nicht selbst gesät, sie haben ihren Weg auf natürliche Weise hierher gefunden und breiten sich immer mehr aus. Inzwischen haben sie eine ganze Ecke des Gartens erobert, und im Sommer sind sie am schönsten.

Auf der Suche nach dem Namen der Pflanzen lieh ich mir in der Bibliothek ein botanisches Lexikon aus und fand heraus, dass es sich um ein einjähriges Knöterichgewächs handelt, genau genommen um *Persicaria hydropiper*, was sich vom griechischen *hydor* (Wasser) und lateinischen *piper* (Pfeffer) ableitet. Wasserpfeffer, so die Beschreibung, wächst hauptsächlich am Wasser und verzweigt sich vom Stängel aus mehrfach. Die Pflanze gilt unter Gärtnern nicht als besonders wertvoll, sie gedeiht einfach so am Straßenrand. In der Küche findet sie nur selten Verwendung, aber all ihre Teile einschließlich der Wurzeln werden zu Heilzwecken verwendet, und sie kommt in über 15 verschiedenen Sorten vor. Die Blätter und die Stängel haben eine ausgezeichnete antibakterielle Wirkung und einen scharfen Geschmack. In Japan werden die Wurzelsprossen als Zutat zu Fischgerichten verwendet. Einer Verwandten, dem sogenannten Kopfknöterich, fehlt diese Schärfe. Ich weiß nicht, woher der Name kommt und wie er seinen Weg in die Sprache der Botanik gefunden hat, denn hier endete meine Recherche.

Meine Wissbegier hat sich als Fehler erwiesen. Kaum kannte ich nämlich den genauen Namen der Pflanze und wusste um ihre Eigenschaften und Wirkungen, waren – vielleicht aus einem unbewussten Stolz auf mein neu erworbenes Wissen heraus – der Zauber und die Neugier verflogen, mit der ich meinen allmorgendlichen Gruß entboten hatte. Die botanische Systematik und Beschreibung war zwischen mich und die Pflanzen getreten. Wann immer ein Besucher kam, zeigte ich sie ihm und gab mit meinen Kenntnissen an. Doch das Kraut schien es eher mit Shakespeare zu halten, wenn er Julia zu ihrem Romeo sagen lässt:

»Was ist ein Name? Was uns Rose heißt, wie es auch hieße, würde lieblich duften.«

Vor einiger Zeit trommelte ich eine kleine Gruppe von Vogelliebhabern zusammen, um gemeinsame Wanderungen zu unternehmen. Wir freuen uns jedes Mal riesig, wenn wir zwischen Zweigen versteckt einen unserer gefiederten Freunde entdecken. Leider sind Vögel scheu und trauen sich nicht nahe an den Menschen heran, und außer bei weitverbreiteten Arten wie Spatzen und Meisen tut man sich schwer, sie korrekt zu bestimmen. Nun meint man, nichts über einen Vogel zu wissen, solange man seinen Namen nicht kennt. Also lud ich die Vorsitzende eines anderen ornithologischen Vereins ein. Sie hatte, wie es sich für eine Expertin gehörte, ein dickes Bestimmungsbuch dabei und erklärte uns Namen und Merkmale einer jeden Art, auf die wir stießen.

Auch das erwies sich als Fehler, ja mehr noch, es war eine Tragödie. Nachdem wir alle Bezeichnungen gelernt und uns all dieses zusätzliche Wissen angeeignet hatten, flogen uns die Namen so schnell zu wie die Vögel. Das aber verhinderte, dass zwischen uns und den Tieren so etwas wie eine Verbindung entstand. Immer seltener begegneten wir ihnen mit dem Staunen von Unbedarften. Statt »Ah!« zu rufen, zählten wir zuerst alles auf, was wir über den Vogel wussten. In unserem Eifer, ihn zu benennen, entging uns sein Wesen. Was in den Hintergrund trat, war das pure Erleben, in dem die Zeit stillsteht und das Denken ausgeschaltet ist, während man sich ganz darauf konzentriert, das Tier zu beobachten; es einfach anzuschauen. Die unbeschwerte Verbundenheit war durch das Wissen um den Namen verschwunden.

Wenn ich einen Weißhand-Kernbeißer entdeckte, schien er mir ein Zitat aus einem Gedicht entgegenzuzwitschern: »Du rufst mich mit Namen, aber ich frage mich, warum du meinen echten nicht nennst.«

Ich habe viele Namen. Den, den mir meine Eltern gegeben haben, bezeichnet man als den »richtigen«. Dann ist da noch das

Pseudonym, unter dem ich schreibe: Ryu Shi Wa. Manche halten mich wegen des Klangs dieses Namens und meiner langen Haare für eine Frau. Wenn sie merken, dass ich ein Mann bin, sind einige mehr als nur ein wenig enttäuscht. Indische Freunde nennen mich Shiva, weil »Shi Wha« ähnlich ausgesprochen wird wie der Name von Gott Shiva. Der Name, den ich von Meister Osho bekam, lautet Swami Diyan Callis, was so viel wie »reine Meditation« bedeutet. Ein anderer Lehrer, Sukhdev Guruzi, segnete mich als Anand Mukti. *Anand* steht für »Glückseligkeit«; *Mukti* bedeutet »frei von Fesseln«. Mein tibetischer Name, den ich von Kapze Rinpoche erhalten habe, lautet Robsang Jamyang, was sich mit »edles Herz« übersetzen lässt. Die Verleihung von Namen wie diesen soll bewirken, dass der Träger ihnen in diesem Leben gerecht werden möge.

In unserer Vogelbeobachtungsgruppe fiel mir per Los der Name Buntmeise zu, ein Vogel mit feiner Zeichnung. Ich mochte ihn. Ein anderes Mitglied zog den Namen Elsterdohle und war sehr unzufrieden damit. Er fand, dass dieser Name sein Ansehen beschädige.

Uns mit unserem Namen zu identifizieren ist der Beginn, uns als Ich zu definieren. Kleine Kinder reden von sich oft in der dritten Person. Mit der Zeit verschmelzen Name und Selbst, so wie das Geschlecht, die Nationalität, die Ausbildung, der Beruf, das Aussehen und sogar unheilbare Krankheiten Teil von uns als Individuum werden. Die Identifikation mit all diesen Dingen hindert uns daran, uns unserem ursprünglichen Wesen zu nähern, so wie der Name zwischen mir und dem Wasserpfeffer steht.

Solange wir dieser Pflanze begegnen, ohne ihren Namen zu kennen, sehen wir, was uns in unserem Wesen verbindet. Sie braucht ebenso Wasser wie wir selbst; sie schwankt im Wind und schaudert im Frost. Im Winter kehrt sie in die Erde zurück und erscheint erst im nächsten Frühling wieder. Lassen wir Namen, Geschlecht und botanische Klassifizierung beiseite und lösen uns von der Unterscheidung in Mensch und Pflanze, sind wir alle Kanal für den Urquell des Lebens.

Der französische Philosoph Michel Foucault ist überzeugt, dass die westliche Erkenntnistheorie bereits dadurch an ihre Grenzen stößt, dass sie zwischen dem »Subjekt des Wissens« und dem »Objekt des Wissens« unterscheidet. Selbst wenn wir alles über den Wasserpfeffer wüssten, vom Namen über die Eigenschaften bis hin zum Nutzen, wir könnten sein Geheimnis damit nicht ergründen. Wirklich erkennen können wir ihn anhand solcher Informationen nicht, sie sind lediglich ein bequemes Mittel zur Einordnung eines Objekts.

Es stimmt, dass wir meist nicht etwa deshalb in Schwierigkeiten geraten, weil wir zu wenig wissen, sondern weil wir der Illusion erliegen, etwas ganz genau zu wissen. Je eingehender wir etwas studieren, desto weniger kennen wir es. Darin liegt das Mysterium des Seins. Die Dinge so zu akzeptieren, wie sie sind, heißt, die ganze Welt zu umarmen; und jemanden zu lieben bedeutet, die grenzenlose, unbekannte Welt zu lieben. In dem Moment, in dem wir einen anderen anhand von Namen, Geschlecht und Beruf klassifizieren und definieren, hören wir auf, die unendliche Welt allein um ihrer bloßen Existenz willen zu lieben. In den indigenen Traditionen Nordamerikas wird alles Lebendige einfach DU genannt – ein Ausdruck von Respekt und Liebe in der ureigensten Form.

Wenn wir uns begegnen, sagen Sie mir bitte nicht, wie Sie heißen. Und auch ich möchte ohne den Ballast meiner vielen Namen auf Sie zugehen. Es wäre schön, wenn wir eine Verbindung zueinander aufbauen könnten, bevor wir unsere Namen erfahren. Nur so behalten wir den Schlüssel in der Hand, mit dem sich die Geheimtür öffnen lässt. Im Sein gibt es keine Namen. Dort sind wir als Mysterien des Universums über alle Bezeichnungen und Klassifizierungen erhaben. Dort und nur dort können wir ganz eins sein; kann das Göttliche in mir dem Göttlichen in Ihnen begegnen, das Feuer in mir dem Feuer in Ihnen. Die absolute Stille in mir der absoluten Stille in Ihnen.

Wer liebt,
geht nicht achtlos vorüber
Proust und die Rosen

Marcel Proust, Autor von *Auf der Suche nach der verlorenen Zeit* und einer der besten Schriftsteller des 20. Jahrhunderts, ging mit seinem Freund, dem Komponisten Reynaldo Hahn, im Garten eines Chateaus in Südfrankreich spazieren. Ins Gespräch vertieft, gelangten die beiden zu einem purpurrot blühenden bengalischen Rosenstrauch. Proust unterbrach unvermittelt seinen Gedankengang. Er blieb stehen und Reynaldo ebenso. Proust war sich seines Freundes bewusst und setzte den Spaziergang daher bald wieder fort, aber bereits nach wenigen Schritten blieb er erneut stehen und sagte:

»Es tut mir leid, aber darf ich noch einen Augenblick hier verweilen? Geh nur schon voraus, ich komme gleich nach. Ich möchte die Rosen, an denen wir gerade vorbeigekommen sind, noch einmal betrachten.«

Reynaldo ging also allein weiter. Als er sich an der nächsten Weggabelung umschaute, sah er Proust zurück zu dem Rosenstrauch gehen und reglos dort stehen bleiben. Mit vorgeneigtem Kopf und ernster Miene bewunderte er die Blüten, und in ebendieser Haltung, die Stirne leicht gekraust, fand Reynaldo ihn vor, als er einmal um den Park gegangen und wieder bei ihm angelangt war.

Erst als der Freund näher kam, erwachte Proust aus seiner Versenkung. »Bist du jetzt verärgert?«, fragte er.

Reynaldo verneinte lächelnd, und die beiden setzten ihr Gespräch fort, als wäre nichts gewesen. Aus Respekt vor dem Freund fragte Reynaldo nicht nach dem Rosenbusch. Was allerdings auch daran lag, dass so etwas schon öfter passiert war. In seinem Tagebuch notierte er:

»Wie oft habe ich solche geheimnisvollen Momente erlebt! In diesen Situationen ist Marcel völlig mit der Natur, der Literatur und dem Leben verschmolzen. In seinen ›Momenten der Versenkung‹ wird sein Ich eins mit den Dingen.«

Proust entwickelte die Handlungen seiner Romane in der Interaktion mit Menschen, die Inspiration aber bezog er aus den kontemplativen Momenten im Anblick eines gewöhnlichen Strauchs oder Rosenbuschs. Er litt an schwerem Asthma und konnte darum das Sonnenlicht, Straßenlärm und den Geruch von Parfüm nicht vertragen, weshalb er häufig in geschlossenen Räumen schreiben musste. Dieses Leiden, das er seit seinem neunten Lebensjahr hatte, quälte ihn bis zu seinem Tod. Sich einer Rose oder anderen Blüte zu nähern, war für ihn stets eine gefährliche Angelegenheit, denn es hätte jederzeit einen Anfall auslösen können. Es kostete ihn große Anstrengungen, seine Manuskripte zu verfassen, und weil es ihm nicht gelang, einen Verlag dafür zu finden, musste er sie zudem noch selbst veröffentlichen. Es ist eine berühmte Anekdote, dass André Gide das

Meisterwerk *Auf der Suche nach der verlorenen Zeit* scharf kritisierte und sich weigerte, es zu verlegen. Proust hatte zudem einen Hang zur Schwermut.

Trotz all dieser Schwierigkeiten wurde ihm die Erinnerung an Dinge, die sich ihm in der Betrachtung in ihrer Lebendigkeit erschlossen hatten, zur treibenden Kraft seines Schreibens. In solchen Augenblicken der Versenkung fühlte er, dass er »kein unbedeutendes und beliebiges Wesen« mehr sei. Und er schrieb: »Können wir das Wunder einer einzelnen Blüte erschauen, wird dies unser ganzes Leben verändern.« Sein Hauptwerk kreist immer wieder um die Frage, wie viele solche Momente wir im Leben verpassen.

Wenn wir genau hinschauen, erkennen wir, dass alle Dinge in der Tiefe ein Eigenleben haben – das, was manchmal als »göttlicher Funke« bezeichnet wird. Er macht alles einzigartig und geheimnisvoll. Wie die alten Vedanta-Philosophen erkannten, gibt es keinen blinderen Menschen als einen, der nicht sehen will, und keinen tauberen als einen, der nicht hören will.

Wir wurden geboren, um zu sehen und zu fühlen. Aus uns muss nicht unbedingt etwas werden. Wir sind mit einer Seele geboren, die sich in die Betrachtung von Schönheit vertiefen kann. Diese Gabe der Kontemplation und des sich Ergreifenlassens gibt uns die Kraft, die Probleme des Lebens und allgemein das Dasein zu meistern. Der Harvard-Psychologe Daniel Gilbert ist der Ansicht: »Nicht Herkunft oder Umfeld entscheiden darüber, wie glücklich wir uns fühlen. Es kommt vielmehr darauf an, wie gut wir uns auf die alltäglichen Momente konzentrieren können.«

Ein Schüler fragte: »Wo soll ich nach Erleuchtung suchen?«
Der Meister antwortete: »Hier.«
»Wann wird es so weit sein?«
»Es geschieht gerade.«
»Warum bekomme ich dann nichts davon mit?«
»Weil du nicht hinsiehst.«
»Was soll ich denn sehen?«
»Nichts Besonderes. Schau einfach. Sieh an, was immer deinen Blick berührt.«
»Soll ich das, was ich sehe, denn nicht auf besondere Weise betrachten?«
»Nein, sieh es dir einfach an so wie immer.«
»Das tue ich ja.«
»Nein, tust du nicht.«
Der Schüler: »Warum glauben Sie, dass ich es nicht sehe?«
Darauf der Meister: »Um zu sehen, musst du im Hier und Jetzt sein. Dein Geist ist aber fast immer woanders.«

Wirklich zu schauen ist ein Akt der Liebe. Wer oberflächlich lebt, ohne die Welt vor seinen Augen zu sehen, dessen Seele leidet. Schauen wir etwas intensiv an, verstehen wir, und wenn wir verstehen, lieben wir.
Es gibt nur eine Frage: »Liebst du die Welt?«
Wer liebt, geht nicht achtlos vorüber.

Manch ein Umweg erweist sich im Nachhinein als
Abkürzung, die uns zu unerwarteten Geschenken oder
Begegnungen führt. Wir gelangen zu vielen Gabelungen,
und die Pfade, die wir einschlagen, führen uns manchmal
auf unwegsames Terrain. Aber selbst wenn wir meinen,
vom Weg abgekommen zu sein, erkennen wir, wenn wir das
Ziel erreichen, dass es keinen anderen oder kürzeren Weg
dorthin gegeben hätte. Alles, was wir tun müssen, ist,
ihn zu finden und voranzukommen.

Wir sind nie
allein unterwegs
Begegnungen mit Seelenverwandten

Am Stadtrand von San Francisco eröffnete eine Amerikanerin, die lange Zeit in Asien gelebt hatte, einen kleinen Meditationstempel. Da niemand sie kannte oder von der Existenz des Tempels wusste, blieb der Meditationsraum mit seinen 30 Kissen immer leer. Jeden Tag kam sie hierher, nahm ganz vorne im Lotossitz Platz und meditierte. Sie hätte für ihren Meditationsraum in lokalen Zeitungen und einschlägigen Magazinen Werbung machen können, aber sie inserierte kein einziges Mal. Sie schrieb bloß ein Schild und hängte es an den Eingang. Weil es aber ganz klein war, sah es kein Mensch. So saß sie also jeden Morgen und jeden Abend zwei oder drei Stunden lang ganz allein da, einzig in Gesellschaft der unbenutzten Kissen

Ihre Freundin schaute sich das Ganze über ein halbes Jahr lang mit an, bis sie eines Tages fragte: »Hast du kein Problem damit, so lange allein im Lotossitz dazusitzen und zu meditieren, obwohl kein Mensch kommt?«

»Wovon redest du?«, entgegnete die Frau. »Ich habe mein *Zazen* bis jetzt noch nie allein gemacht.« Als die Freundin sie verblüfft anschaute, erklärte sie lächelnd: »Wenn ich mich hinsetze und meditiere, sitzen alle Meditierenden der ganzen Welt neben mir. Weil sie aus der Vergangenheit und Gegenwart kommen, ist der Raum zum Bersten voll. Wir achten gemeinsam auf unsere Atmung und meditieren zusammen. Alle Meditierenden überschreiten die Grenzen von Zeit und Raum und sind geistig miteinander verbunden. Deshalb bin ich hier nie allein.«

Unbeirrt praktizierte sie täglich ihr *Zazen* in dieser geistigen Gemeinschaft. Nach und nach kamen andere hinzu und nahmen auf den Kissen Platz. Über kurz oder lang waren sie alle besetzt, und ihr Tempel wurde zum bekanntesten Meditationszentrum von ganz San Francisco.

Es gibt keinen Weg, den wir allein gehen. Was auch immer wir gerade tun und wo wir auch unterwegs sein mögen – jeder, der diesen Weg schon einmal gegangen ist oder gerade geht, ist geistig mit uns verbunden und mit uns unterwegs. Wir gehen ihn alle gemeinsam. So will es das Gesetz des Universums, denn Wellen gleicher Länge schwingen im Einklang und miteinander, und im Universum bleibt alle Energie erhalten. Nichts davon geht je verloren.

Wenn ich ein Buch zum Thema Meditation übersetze, habe ich das Gefühl, der Autor säße neben mir, um mir bei der Arbeit zu helfen. Ob lebend oder tot, seine Seele oder sein Bewusstsein sind mit mir im Raum und wirken am Ergebnis mit. Funktioniert die Zusammenarbeit reibungslos, fällt mir das Übersetzen sehr viel leichter. Hätte ich davon ausgehen müssen, alles allein aus mir heraus in die andere Sprache übertragen zu müssen, hätte ich mich mit meinen unzureichenden linguistischen Fähigkeiten an viele Werke gar nicht erst herangetraut, geschweige denn, einen guten Text zustande gebracht. Stoße ich auf Sätze, deren Sinn sich mir nicht gleich erschließt, erklärt mir der Autor über Zeit und Raum hinweg, was sie bedeuten. Insbesondere bei Gedichten ist es ohne Hilfe des Verfassers nahezu unmöglich, die richtigen Worte zu finden. Alle Autoren, deren Werke ich bisher übersetzt habe, standen mir auf diese Weise zur Seite, teilten meine Bedenken und unterstützten mich. Mitunter habe ich das Gefühl, ein bloßer Kanal für ihre Gedanken zu sein. Das ist das Geheimnis meiner Arbeit.

Selbst in der Fremde – ob in Indien, Tibet oder Nepal – bin ich nie allein. Ich reise immer in Begleitung derer, die vor mir dort gewesen sind. Ich öffne mein Herz und vertraue auf ihren Rat. Dadurch verschwindet meine Angst, und Wege eröffnen sich. Es macht mich stärker und zugleich empfänglicher.

Lehnen wir alles ab und isolieren uns, schwächt uns das. Ich öffne stattdessen mein Bewusstsein und stelle mir vor, dass die Menschen, die diesen Ort künftig einmal besuchen werden, jetzt mit mir hier sind und auch nach dem Weg suchen. Das macht das Reisen zu einer angenehmen, heiteren Erfahrung. Würde ich das Ganze als »Solo-Trip« betrachten, würde das den Austausch mit meinen unsichtbaren Helfern blockieren. Wenn wir uns nur auf die greifbare Welt verlassen, können wir nur einen Teil unserer Energie mobilisieren.

Ob in der heißen Wüste von Rajasthan, im Schneesturm auf dem Gipfel des Muktinath, in einem Teehaus in einer der

Seitengassen von Varanasi oder nachts in der Kammer eines Gästehauses, das Gesicht in ein Notizbuch mit Gedichten vergraben – ich war nie allein. Unsichtbare Begleiter waren immer bei mir und vertrieben mir die Einsamkeit.

Wäre es nicht herrlich, wenn große Maler wie van Gogh, Monet, Lee Joong-Seop oder die Seelen anderer Künstler, die die gleiche Wellenlänge haben, Ihnen beim Malen helfen würden? Stellen Sie sich vor, wie Sie mit geschlossenen Augen still dasitzen, um zu meditieren, und Menschen wie Krishnamurti, Osho, Ramana Maharshi und Thích Nhat Hanh nehmen neben Ihnen Platz.

Jemand hat mir einmal erzählt, er könne spüren, wie der Dalai Lama beim Meditieren zu seiner linken Seite sitzt, und wenn er sich im Gebet tief verneigt, verneige er sich auch. Es würde ihm jedes Mal ganz warm ums Herz, und er fühle sich geborgen wie ein Kind. In besonders erhabenen Momenten sähe er manchmal vor seinem geistigen Auge, wie unzählige Meditierende neben und hinter ihm sitzen und sich in synchroner Bewegung gemeinsam mit ihm verneigen.

Seine Beschreibung ist keinesfalls übertrieben. Alles, was wir tun, schwingt in einer eigenen Frequenz, und wir ziehen damit Wesen an, die sich auf derselben Wellenlänge bewegen. Das ist der Grund, warum wir uns verändern und wachsen können. Ein Weg mag noch so dunkel sein, wir gehen ihn nie unbegleitet. Wer glaubt, allein zu sein, übersieht die vielen anderen, die ihm zur Seite stehen, und bringt sich um die Freude an diesem Raum und Zeit überspannenden Zusammenspiel. Es wird zwar oft behauptet, wir seien im Leben auf uns selbst gestellt, aber es gibt auf dieser Welt keinen Weg, den wir allein beschreiten müssten. Wir meinen nur, allein zu sein.

Den Weg, den ich gerade gehe, sind vor mir viele andere gegangen. Jetzt bin ich auf ihm unterwegs, und nach mir schlagen ihn wieder andere ein. Schon deshalb bin ich nicht allein.

Die Dichterin Emily Dickinson wurde in Amherst, Massachusetts, geboren und kam zeitlebens nicht aus dieser kleinen Stadt heraus. Sie war immer zu Hause, um Gedichte zu schreiben, und pflegte keinerlei gesellschaftlichen Umgang. Sie war eine Frau vom Land, hatte kaum soziale Kontakte und veröffentlichte ihre Werke nicht. Aber jedes Mal, wenn sie ein Gedicht schrieb, fühlte sie sich von Dichtern aus aller Welt umringt. Die Kollegen, die aus Büchern zu ihr sprachen, nannte sie ihre »engsten Seelenfreunde« und »Menschen desselben Volks«. Während sie ihre Gedichte schrieb, war sie also keinesfalls allein. Ihre Werke wurden erst nach ihrem Tod entdeckt, und sie gilt heute als eine der hervorragendsten Lyrikerinnen des 19. Jahrhunderts.

Die Vorstellung, wir seien isoliert lebende Wesen, ist genau genommen eine Illusion, erzeugt von unseren eingefahrenen Gedanken, vorgefassten Meinungen und beschränkten Wahrnehmungen. Sie ist das größte Missverständnis über das Wesen unseres Daseins. Erwachen wir aus unserer Ignoranz, können wir über uns selbst hinauswachsen und uns mit den Wesen verbinden, die sich auf einer Wellenlänge mit uns befinden, jenseits von Zeit und Raum.

Mit anderen Worten, wenn Buddha meditiert, treffen sich alle Buddhas der Vergangenheit, Gegenwart und Zukunft und meditieren mit ihm. Was auch immer Sie gerade tun und welchen Weg Sie auch gehen, glauben Sie nur nicht, sich den Herausforderungen allein stellen zu müssen. Es kommt bloß darauf an, den geheimen, nur selten genutzten Kanal zu finden.

Der lange Weg zu dir

Gott führt uns in die Irre,
um uns den rechten Weg zu weisen

Es ist 15 Jahre her, dass ich an einem frühen Wintermorgen von New York aus mit dem Zug nach Boston fuhr, um mir den Walden Pond anzusehen – jenen Waldsee, an den sich der Naturalist Henry David Thoreau zurückzog, um im Einklang mit der Natur zu leben. Ich hatte zwar eine Karte, da mir die Gegend aber völlig fremd war, erkundigte ich mich bei einem Mitreisenden vorsichtshalber nach dem Weg nach Concord, dem Städtchen, in dessen Nähe sich der Walden Pond befindet.

Der Mann hatte noch nie etwas von diesem See gehört, erklärte mir aber freundlich, dass sich direkt neben dem Bostoner Bahnhof ein Busterminal befände, von dem die Überlandbusse abfahren. Einer davon würde mich bestimmt nach Concord bringen. In Boston angekommen, fand ich mich dank seiner Beschreibung ohne Weiteres zurecht und stellte zu meiner Freude fest, dass die Strecke im Stundentakt bedient wurde. Es dauerte also nicht lang, und ich saß im Bus Richtung Concord.

Ausgerechnet an diesem Tag gab es ein heftiges Schneegestöber, und ich bekam den Winter im Nordosten der USA zu spüren, der für seinen Schneereichtum bekannt ist. Man sah kaum die Hand vor Augen, und Bäume und Wälder verschwammen vollkommen zu einer weißen Welt. Concord, von Boston angeblich etwa 30 Minuten entfernt, wollte und wollte nicht auftauchen, obwohl sich der Bus bereits mehr als drei Stunden durch den Schneesturm kämpfte. Mir war zwar klar, dass wir angesichts dieser Witterung langsam fahren mussten, trotzdem wurde ich langsam unruhig.

Schließlich aber blieb der Bus dann doch vor einem Gebäude stehen, auf dem »Concord« zu lesen war. Ringsum erstreckte sich eine endlose Weite von Schnee, Schnee und noch mal Schnee. Ich ging ins Stationsgebäude und erkundigte mich bei dem Mann am Schalter nach dem Weg zum Walden Pond. Nach einigem Hin und Her, an dem sich eine ständig wachsende Schar von umstehenden Leuten beteiligte, stellte es sich heraus, dass ich nicht in der Kleinstadt Concord bei Boston im Bundesstaat Massachusetts gelandet war, sondern in der deutlich weiter entfernt liegenden gleichnamigen Landeshauptstadt von New Hampshire. Was für ein lächerlicher Fehler!

Die Busgesellschaft hatte Erbarmen mit mir, dem armen Reisenden aus dem fernen Asien, und ließ mich kostenlos mit dem Bus zurück nach Boston fahren. Als ich nach über drei Stunden Fahrt durch den Schneesturm wieder an meinem Ausgangspunkt ankam, war der Tag bereits weit fortgeschritten. Ich zögerte einen Moment, weil ich nicht wusste, ob ich im »richtigen« Concord später noch eine Unterkunft finden würde, wollte aber nicht bis zum nächsten Tag warten und winkte darum eilig ein Taxi herbei, um mich zum See bringen zu lassen.

Diesmal erreichte ich mein Ziel in weniger als 30 Minuten. Der See war größer, als ich erwartet hatte. Die zugefrorene Wasseroberfläche und die winterlich kahlen Bäume begrüßten mich im fahlen Licht des vergehenden Tages. Hier also hatte sich Thoreau nach Abschluss seines Studiums in Harvard eine Blockhütte gebaut, um dem Materialismus der zivilisierten Welt den Rücken zu kehren und sich in einer Zeit, in der alle anderen nach dem großen Erfolg strebten, auf seiner eigenen Hände Arbeit zu verlassen. Ergriffen stand ich an dem Ort, an dem er sein Meisterwerk *Walden* geschrieben hatte – gewissermaßen die Heilige Schrift des 19. Jahrhunderts.

Das Taxi war inzwischen im Schnee verschwunden. Ich ging aufs Ufer zu, entschlossen, eine Runde um den See zu gehen, bevor es dunkel wurde. An einem Tag wie diesem war keine Menschenseele unterwegs, aber auf halbem Weg begegnete ich dann doch einem weißhaarigen alten Mann. Er schien überrascht, plötzlich einen langhaarigen Asiaten vor sich auftauchen zu sehen. Wir tauschten einen Gruß aus, und als sei es das Selbstverständlichste in der Welt, kamen wir ins Gespräch.

Er erzählte mir, dass er nach der Lektüre von Thoreaus Buch vor 40 Jahren nach Concord gezogen sei, um selbst nach der naturalistischen Idee zu leben. Wir setzten unseren Weg gemeinsam fort und sprachen über den Walden Pond und Thoreau, bis das Tageslicht vollkommen verschwunden war. Und so ergab es sich von selbst, dass er mich in sein Haus einlud, wo wir gemeinsam zu Abend aßen. Bis spät in die Nacht sprachen wir über das Leben.

Am nächsten Tag begleitete mich der Mann zu Thoreaus frisch restaurierter Hütte und dem Geburtshaus von Emerson, der Thoreaus Lehrer gewesen war. Ich legte jedem eine Blume aufs Grab; auch eine auf das von Nathaniel Hawthorne, dem Autor von *Das große Steingesicht* und *Der scharlachrote Buchstabe*, und von Louisa May Alcott, der Verfasserin von *Little Women*, die beide direkt neben Thoreau ihre letzte Ruhestätte gefunden haben. Concord ist eine kleine Stadt, aber sie hat viele großartige Denker und Schriftsteller hervorgebracht. Etwa 200 Autoren leben auch heute noch dort.

Am Ende verbrachte ich mehrere Tage im Haus meines Gastgebers, und wir unternahmen jeden Morgen und jeden Abend gemeinsam einen Spaziergang um den Walden Pond. Der Altersunterschied zwischen uns spielte schon bald keine Rolle mehr, und wir wurden zu Freunden, die einander gut verstehen. Für ihn war ich mehr als bloß ein zufälliger Besucher. Obwohl er gegen ein Krebsleiden kämpfte, hatte er unter dem Einfluss von Thoreau und dem Walden Pond zu geistiger und seelischer Klarheit gefunden.

Wäre ich an jenem Tag direkt zum Walden Pond statt ins falsche Concord gefahren, wäre mir das Glück verwehrt geblieben, dieser wahrhaft schönen Seele zu begegnen. Von außen betrachtet, würde man vielleicht meinen, ich hätte einen großen Umweg gemacht, um zu dem See zu gelangen, tatsächlich aber war es eine Abkürzung – der direkte Weg, um diesen Menschen kennenzulernen. Wir reisen oft viele Meilen und geraten auf viele

Umwege, bevor wir wie durch ein Wunder auf einen bestimmten Menschen treffen oder an einen speziellen Ort gelangen.

»Von hinten durch die Brust ins Auge«, dieser Spruch bringt das Geheimnis des Reisens und die Wendungen des Lebens exakt auf den Punkt. Ein gerader Weg ohne Irrungen beraubt uns der Chance, seine Entstehung und Entwicklung mitzuerleben. Wir gelangen zu vielen Gabelungen und die Pfade, die wir einschlagen, führen uns manchmal auf unwegsames Terrain. Aber selbst wenn wir meinen, vom Weg abgekommen zu sein, erkennen wir, wenn wir das Ziel erreichen, dass es keinen anderen oder kürzeren Weg dorthin gegeben hätte.

Das ist der Grund, warum wir gelegentlich die Stadtpläne mit ihren Straßenverzeichnissen zusammenfalten und wegpacken sollten. Nicht selten stoßen wir ohne ihre Orientierungshilfe zufällig auf einen Laden, in dem wir etwas finden, das uns besonders gut gefällt. Auch ein falscher Zug kann uns ans richtige Ziel bringen. Gott lässt uns mitunter vom Pfad abkommen, um uns den rechten Weg zu weisen.

Genau wie bei meinem Ausflug zum Walden Pond gibt es Zeiten, in denen wir weit gehen müssen, um etwas Naheliegendes zu finden. Vom Dichter Rumi stammt der Satz: »Auf vielen Umwegen bin ich zu dir gekommen, aber es war der direkte Weg.« Auch Tagore sang: »Der weiteste Weg zu dir ist der nächste.«

Auf Visionssuche

Das Leben beginnt,
wenn wir unsere Komfortzone verlassen

Die amerikanischen Ureinwohner praktizieren einen Initiationsritus, die sogenannte *Vision Quest* oder Visionssuche, in der Sprache der Lakota Sioux »Hanbleceya« genannt, was sich mit »Schrei nach einem Traum« übersetzen lässt. Es handelt sich um eine spirituelle Reise, die den Übergang vom Jugendlichen zum Erwachsenen markiert und bei der der Suchende eine Vision vom eigenen Leben gezeigt bekommt. Manche Stämme reden bei dieser Zeremonie, die in ähnlicher Weise auch von vielen anderen Naturvölkern praktiziert wird, vom »Besteigen des Berges«.

Wenn der Zeitpunkt gekommen ist, reinigt der Jugendliche seinen Körper in einer Schwitzhütte – einer Art Dampfsauna –, in der Salbei geräuchert wird, und steigt dann allein auf einen Berg. Am Gipfel angekommen, legt er einen Kreis aus Steinen und setzt sich mit gekreuzten Beinen in dessen Mitte. Dort harrt er tagelang wach und reglos aus, fastend und ohne auch nur einen Tropfen Wasser zu sich zu nehmen, um dem »Großen Geheimnis« (wie das Absolute bei den indigenen Stämmen Nordamerikas genannt wird) zu begegnen. In der Stille wartet er auf göttliche Offenbarung. Dies ist eine schwere Prüfung für einen Heranwachsenden, und er erlebt zum ersten Mal, dass Leid dazugehört, wenn man sein Leben meistern möchte. Als Belohnung erhält er eine Vision, wie seine Zukunft aussehen wird.

Für Bear Heart vom Stamm der Creek ist die Visionssuche eine Reise zur Selbstfindung und spirituellen Neugeburt:

»Bei der Visionssuche geht es in erster Linie um die Frage: ›Wer bin ich?‹ Um bei Herausforderungen erfolgreich zu sein, müssen wir einen unbeirrbaren Glauben daran entwickeln, was uns ausmacht. Die Antwort können wir nicht von außerhalb erhalten. Wir müssen sie in uns selbst finden. Stolz, Ungeduld und Angst blockieren die Botschaft des Großen Geheimnisses in dir.«

Auf dem Gipfel des Berges, allein in der Wildnis, bittet der Jugendliche die Götter um Antwort auf seine Fragen: Wer bin ich? Warum bin ich auf diese Welt gekommen? Was soll ich hier tun? Genau genommen lauscht er in sich hinein.

Der Heranwachsende, der sich dem Ritual unterzieht, kann nichts auf seinen Weg mitnehmen. Um den Übergang vom Kind zum Erwachsenen zu vollziehen, muss er sein altes Selbst hinter sich lassen. Am Anfang der spirituellen Suche wird also seine mentale Stärke auf die Probe gestellt. Während des Rituals beginnt der Jugendliche, die Welt mit neuen Augen zu sehen. Frei von äußeren Beeinflussungen wird er sich dabei der Bedeutung und Wichtigkeit des Lebens bewusst, das ihm gegeben wurde.

Während seiner Visionssuche begegnet er seinem Krafttier – etwa Bär, Wolf oder Adler –, das ihn von nun an bis an sein

Lebensende beschützt und begleitet. Wir haben es hier nicht mit einem primitiven Aberglauben zu tun. Das Gefühl, mit den Kräften der Natur verbunden zu sein, ist ein wertvolles Gegengewicht, um die Einsamkeit des anthropozentrischen Lebens auszugleichen.

Nach Abschluss des Initiationsrituals kehrt der junge Mann nach einer erneuten Reinigungszeremonie in der Schwitzhütte in die Welt zurück. Er ist nunmehr in die Welt der Erwachsenen aufgenommen.

Mindestens einmal im Leben nimmt jeder von uns eine Bestandsaufnahme seines Lebens vor. Nach meinem Studium wechselte ich die Arbeitsstellen wie Hemden. Ich nahm die Jobs, wie sie kamen, manchmal arbeitete ich auch für Bücher- und Zeitschriftenverlage. Ich konnte nicht wählerisch sein. Ich musste schließlich meine Miete bezahlen und von irgendetwas leben. Doch oft überkamen mich deshalb Zweifel, und ich litt unter dem Gefühl, dass mir die Zielstrebigkeit fehlte. Eines Tages nahm ich mir darum vor, mir über die Richtung meines Lebens klar zu werden und herauszufinden, was ich wirklich wollte. Welchen Weg sollte ich einschlagen, den ich später nicht bereuen würde? Ich mochte mich nicht länger ziellos treiben lassen.

Als mir von einem Verlag die Position des Chefredakteurs angeboten wurde, stieg ich in einer mondhellen Nacht auf den Berg Bukhansan in Seoul, um meine Gedanken zu ordnen. In meinem Rucksack hatte ich nichts dabei außer einer Flasche

Wasser. Zum ersten Mal erlebte ich, dass Steine leuchten können. Auch die Bäume schienen wie mit Licht übergossen, und sie erhellten mir im Dunkeln den Weg. Es stimmt schon, wenn man sagt, in der Finsternis würde uns von irgendwoher Führung zuteil. Es war keine Menschenseele unterwegs. Ich ging meines Weges, setzte mich ab und zu auf einen Felsvorsprung und schaute auf die Welt zu meinen Füßen hinunter, und ich spürte, wie mir mehr und mehr das Herz aufging. Mit den neuen Perspektiven, die sich mir eröffneten, schälte sich der Weg heraus, der mir bestimmt war.

Ich blieb die ganze Nacht oben auf dem Berg, und als ich mich im Morgengrauen auf den Rückweg machte, fühlte ich, dass sich etwas in mir verändert hatte. Plötzlich spürte ich in mir die Kraft, mich der Welt zu stellen, und auch meine finanziellen Sorgen hatten sich gelegt. Auf einmal glaubte ich daran, dass die Materie den Gedanken folgt.

Psychologischen Studien zufolge basieren 80 Prozent unserer Entscheidungen auf Angst. Nicht die Stimme unseres Herzens lässt uns wählen, welchen Weg wir gehen. Es ist die Furcht. Unser ängstlicher Geist aber blockiert uns in der Verwirklichung unserer Lebensvision, und was am sichersten ist, macht nur selten die meiste Freude.

Ich lehnte das Angebot des Verlags ab und stieg gut einen Monat lang immer wieder auf den Berg. Erst später, als ich die Kultur der amerikanischen Ureinwohner kennenlernte, wurde mir bewusst, dass mein Weg der inneren Erforschung, den ich mit Ende 20 gegangen bin und den die Leute in meinem Umfeld als reine Realitätsflucht gedeutet hatten – dass dieser Weg meine *Vision Quest* gewesen war. In diesem einen Monat schuf ich die Basis, um meinen weiteren Weg ohne Zaudern und Zögern gehen zu können. Die Gedanken, die mich bis heute in meinem Leben leiten, sind in jener Zeit entstanden.

»Geh den Weg deines Herzens und hab keine Angst.«

Das war der Satz, den ich auf meiner Visionssuche klar und deutlich in mir hörte.

Es lohnt sich, uns die Zeit für ein Übergangsritual zu nehmen, bevor wir in die nächste Lebensphase eintreten – eine Auszeit, in der wir uns für eine Weile von der Welt zurückziehen und uns ausschließlich auf uns selbst konzentrieren, bis das »Große Geheimnis« uns den Sinn und Zweck unseres Lebens verrät. Das schenkt uns das Vertrauen, den Weg zu gehen, den wir gehen wollen. Es gibt nichts Wichtigeres, als zu wissen, ob wir das, was wir uns im Augenblick wünschen, auch in der Zukunft noch erstrebenswert finden. In Westen hat sich eine etwas andere Auffassung vom Begriff der »Visionssuche« breitgemacht, und er ist zum Etikett für eine Art Öko-Abenteuer geworden. Nach der ursprünglichen Bedeutung aber geht es darum, sich in den Schoß von Mutter Natur zu begeben, um zu erfahren, was Ehrfurcht ist, und im Leben neue Orientierung zu finden.

Wenn es in Ihrem Leben gerade Konflikte und Probleme gibt, Sie keinen Ausweg sehen, ein Richtungswechsel ansteht oder Sie unter den Mühen des Heranwachsens leiden, dann ist jetzt die Zeit, um sich auf Visionssuche zu begeben. Das Leben beginnt in dem Moment, in dem wir unsere Komfortzone verlassen. Es geht darum, uns von der Vergangenheit zu lösen und unserem neuen Ich zu begegnen, die sichere Zone zu verlassen und unseren Horizont zu erweitern. Die amerikanische Dichterin Mary Oliver fragt in ihrem Gedicht *Der Sommertag*:

Stirbt nicht am Ende alles? Und allzu früh?
Sag mir, was dein Plan ist.
Was du vorhast,
Mit deinem einen wilden, kostbaren Leben?

Was wäre, wenn wir nicht lachen könnten?

Warum wir unser Leben als Spiel betrachten sollten

Ein Amerikaner ging nach Südostasien, ließ sich den Kopf kahl rasieren und wurde Mönch. Er lebte in einem Kloster im Wald, und eines Tages fuhr er mit den anderen Mönchen in einem kleinen Lastwagen über Land. Der Abt saß auf dem Beifahrersitz und er, der Novize, mit seinen einheimischen Glaubensbrüdern auf einer Holzbank auf der Ladefläche. Die meisten Straßen waren nicht asphaltiert und von Schlaglöchern übersät. Dem Fahrer war das egal, und jedes Mal, wenn er mit scheppernden Rädern durch eine Pfütze fuhr, machten seine Passagiere im Fond einen Satz in die Höhe, sodass sie mit den Köpfen gegen die eisernen Querverstrebungen des Daches schlugen. Wie oft muss sich der hoch aufgeschossene Mönch aus dem Westen den Schädel gestoßen haben!

Und jedes Mal, wenn es geschah, entfuhr ihm ein Fluch. Natürlich auf Englisch, sodass die Einheimischen es nicht verstehen konnten. Weil er sich die Haare abrasiert hatte und nichts den Stoß dämpfte, schmerzte ihn der Aufprall umso mehr. Wüst schimpfend rieb er sich den kahlen Schädel. Je öfter es passierte, desto schlimmer fühlte er sich.

Wenn aber die einheimischen Mönche sich die Köpfe stießen, sahen sie einander an und brachen in Gelächter aus! Der Amerikaner zog verständnislos die Stirne kraus. Was konnten sie so amüsant daran finden, sich dauernd halb den Schädel einzuschlagen? Man hatte ihnen wohl von klein auf so viele Beulen am Kopf verpasst, dass sie einen Hirnschaden davongetragen hatten, dachte er kopfschüttelnd.

Seine Glaubensbrüder aber schienen keine sonderlichen Schmerzen zu empfinden, und so überlegte er sich, es einmal auf ihre Weise zu versuchen. Als er sich das nächste Mal den Schädel stieß, stimmte er laut in das allgemeine Gelächter ein. Dabei gewann er eine überraschende Erkenntnis. Durch das Lachen tat der Aufprall viel weniger weh! Der Schmerz war deutlich geringer, als wenn er seiner Wut fluchend Luft machte.

Nachdem ich diese Geschichte gelesen hatte, beschloss ich, es selbst auszuprobieren. In Indien und Nepal ist die dreirädrige Motorrikscha das am häufigsten verwendete Transportmittel. Die Straßenverhältnisse sind schlecht, die Fahrer haben einen rücksichtslosen Fahrstil, und der aus eisernen Querstreben bestehende, mit einer wasserdichten Plane bespannte Fahrzeughimmel ist niedrig. Dass man sich oft den Kopf stößt, ist da unvermeidlich, und bei meiner Größe ganz besonders. Manchmal schmerzte es so, dass ich fast ohnmächtig wurde. Aber jedes Mal, wenn ich nun nach einem solchen Schlag laut lachte, ließen die Schmerzen wirklich nach! Und noch etwas: Ich vergaß den Schmerz viel schneller. Es schien, als würde er mir nicht so tief ins Bewusstsein dringen, und darum beschäftigte er mich nicht so lang. Beim Lachen vergaß ich ihn einfach. Wenn man mit dem vom Giftsumach abgesonderten Pflanzensaft in Berührung kommt, lindert Kratzen nicht den Juckreiz, sondern man verteilt das Gift dadurch nur noch mehr.

Früher ärgerte ich mich jedes Mal, wenn ich mir den Kopf stieß und raunzte den Fahrer an, er solle beim Fahren mehr achtgeben. Neuerdings aber brach ich jedes Mal in Gelächter aus, was den guten Mann ebenfalls zum Lachen brachte, und wenn noch andere Leute in der Rikscha mitfuhren, ließen sie sich ebenfalls anstecken. Das gemeinsame Lachen ließ den Schmerz noch weiter verblassen.

Und es gab noch einen weiteren Effekt. Ein Rikschafahrer ist in der Regel arm und hat eine große Familie zu ernähren; und oft gehört ihm die Rikscha noch nicht einmal selbst. Ihn zur Zielscheibe für meine Wut zu machen hätte zur Folge, dass er unzufrieden nach Hause geht und seine schlechte Laune an seiner Frau oder seinen Kindern auslässt. Es würde also bewusst oder unbewusst neuer Ärger in die Welt gesetzt, und die Welle des Unmuts würde sich immer weiter ausbreiten, bis sie irgendwann umschlagen und in meine Richtung zurückfließen würde.

Da ich solche Kopfnüsse nun aber mit einem Lachen quittiere, wird der Rikschafahrer im Kreis seiner Familie in ähnlichen Situationen womöglich ebenfalls lachen und selbst in schwierigen Momenten nicht die Fassung verlieren. Es ist, als stünde ich am Ufer eines Sees und würde mit meinem Lachen einen Stein ins Wasser werfen, der konzentrische Kreise auslöst, die sich in alle Richtungen ausbreiten. Wenn ich lache, lachen andere Menschen an anderen Orten, von denen ich nichts weiß. Dank des »Schmetterlingseffekts« beeinflusst mein Handeln nicht nur andere weit weg von mir, es wirkt auch auf mich zurück. Dass Lachen Schmerzen lindert, ist wissenschaftlich erwiesen. Die dabei im Gehirn freigesetzten Endorphine haben eine noch stärkere analgetische Wirkung als Morphium. Es verschafft uns ein Gefühl des Wohlbefindens und verbessert die Sauerstoffversorgung des Körpers. Wenn wir lachen, arbeiten unsere Lunge und unser Herz doppelt so schnell, sodass der gleiche euphorisierende Effekt eintritt wie beim Sport. Einer Studie zufolge unterdrückt zehnminütiges Lachen zwei Stunden lang das Schmerzempfinden. Aufnahmen der menschlichen Aura zeigen, dass sich nach Lachübungen dunkle Farben aufhellen. Sogar die Aura eines Beobachters, der neben den Probanden stand, veränderte sich.

Im Rahmen eines im Auftrag des britischen Fernsehsenders BBC durchgeführten Experiments wurden Studienteilnehmer gesucht, die sich selbst als unglücklich einstuften. Nach einem vorgegebenen Plan sollten sie sich zu Hause vor den Spiegel stellen und lachen, auch wenn sie keinen Grund dazu hatten. Während der sechsmonatigen Versuchsdauer begleitete ein Fernsehteam die Teilnehmer in ihrem Alltag, und es zeigte sich, dass sich ihr Glücksindex signifikant verbesserte.

Was würden wir tun, wenn es das Lachen nicht gäbe? Sollten wir jedes Mal heulen, wenn wir uns stoßen und verletzen? Sollen wir uns furchtbar aufregen, wenn man uns zu Recht oder

Unrecht beschuldigt? Was würde das ändern? Ein indisches Sprichwort lautet: »Kein Wald besteht nur aus Sandelbäumen.« Sandelholz ist von bester Qualität. Es gibt keinen Wald, in dem ausschließlich diese Bäume wachsen. Es gibt keine Seele, die nicht verletzt werden kann. Man sagt, Gott lacht nicht über seine Geschöpfe, sondern mit ihnen.

Die folgende Geschichte mag ich sehr. Nach den Vorstellungen des Chassidismus, einer jüdischen religiös-mystischen Strömung, begegnet der Mensch nach dem Tod wieder den Seelen all seiner alten Bekannten. Irgendwo im Himmel sitzen sie im Kreis auf einer Wiese und erinnern sich an alles Mögliche, das ihnen zu Lebzeiten widerfahren ist. Während jeder von seinen Erlebnissen berichtet, biegen sich alle vor Lachen. Sie hatten doch alle gewusst, dass sie früher oder später sterben würden, aber sie hatten es verdrängt und sich über jede noch so kleine Kleinigkeit aufgeregt. Sie hatten gekämpft und sich in tödlichem Ernst ans Leben gekrallt, denn sie hatten vergessen, es als Spiel zu betrachten und ihren Spaß zu haben. Und so schauen am Ende alle auf ihr irdisches Leben zurück und lachen sich schief dabei.

Die chassidischen Weisen glauben, dass Seelen, die aus dieser Lektion nicht ihre Lehre ziehen, noch einmal zur Erde zurückkehren müssen. Wir alle nehmen gerade das Leben wieder einmal viel »zu ernst«.

Mein ganz persönliches Lied
Leben im eigenen Rhythmus

In Ostafrika soll es einen Stamm geben, in dem der Geburtstag eines Kindes auf ungewöhnliche Weise festgelegt wird. Als ausschlaggebend betrachtet man den Tag, an dem der Mutter zum ersten Mal der Gedanke an ein Kind gekommen ist, also die gefühlte Empfängnis und nicht die faktische. Schon gar nicht geht es um den Tag, an dem das Kind das Licht der Welt erblickt.

Wenn sich der Gedanke an ein Kind im Herzen einer Frau einnistet, verlässt sie das Dorf, geht in den Wald und setzt sich unter einen Baum, um zu beten und zu meditieren. Die Angehörigen dieses Stammes glauben auch, dass jede Seele ein eigenes Lied besitzt.

Mit einem Minimum an Wasser und Nahrung auskommend, harrt die Frau tagelang aus, bis sich ihr das Lied des Kindes offenbart, das von ihr geboren werden möchte. Hört sie schließlich eine Melodie aus einer ihr unbekannten Welt, kehrt sie ins Dorf zurück, um den anderen davon zu erzählen. Sie singt ihnen das Lied vor, und alle stimmen mit ein, um die Seele des Kindes willkommen zu heißen und in ihm die Vorfreude zu wecken, auf diese Welt kommen zu dürfen.

Auch mit dem zukünftigen Vater singt die Frau dieses Lied, bevor sie sich zu ihm legt. Der Melodie kommt also bereits vor der Geburt eine besondere Bedeutung zu. Sie repräsentiert das Kind, als wäre es schon da.

Wer kein eigenes Lied hat, existiert für diesen Stamm nicht. So wie der Daseinszweck und die Lebensaufgabe von Mensch zu Mensch verschieden sind und dem Einzelnen seine Identität verleihen, so gilt dies auch für das eigene, unverwechselbare Lied. Während der Schwangerschaft singt die werdende Mutter es ihrem ungeborenen Kind vor, unterstützt von den anderen Frauen im Dorf, die es während der neunmonatigen Schwangerschaft ebenfalls immer wieder anstimmen; und nach der Geburt bilden die Frauen einen Kreis und singen es zu seiner Begrüßung.

Über das Lied wird das Kind also, noch bevor es geboren ist, stark in die Dorfgemeinschaft eingebunden, sodass es nie einsam sein wird. Da jeder mit der Melodie vertraut ist, wird es von niemandem missachtet oder gar misstrauisch abgelehnt. So erkennt das Kind schon bald den Wert seines eigenen, ganz persönlichen Liedes und nimmt sich selbst dadurch als etwas ganz Besonderes wahr.

Verletzt sich einer der Stammesangehörigen oder wird er krank, singen ihm die anderen sein Lied. Sie singen es auch, um eine besondere Leistung zu würdigen, während des Initiationsritus, bei wichtigen Ereignissen wie der Hochzeit oder vor einer geplanten Reise. Begeht einer im Dorf ein Unrecht oder verhält er sich unsozial, bildet man einen Kreis, setzt ihn in die Mitte und stimmt sein Lied an. Man ist überzeugt, ihn auf den rechten

Weg zurückzuholen, indem man ihn an die Melodie erinnert, die er offenbar vergessen hat. Das Ritual soll ihm ins Gedächtnis rufen, wer er ist und woher er kommt. Es ist ein Ausdruck der Liebe, das Lied eines anderen zu erlernen, es ihn singen zu lassen und es ihm vorzusingen, wenn er es vergessen hat.

Mag das Leben den Einzelnen mit noch so schwierigen Situationen oder Prüfungen konfrontieren, sein Lied führt ihm die Verbundenheit mit seinem Umfeld vor Augen und hilft ihm, wieder in seine innere Mitte zu finden. Wer an einem gebrochenen Herzen leidet, dem bringt das Lied Heilung. Über eine eigene Melodie vertieft sich die Verbindung mit der äußeren Welt.

Wenn einer der Stammesangehörigen am Ende seines Lebens angelangt ist und auf dem Sterbebett liegt, versammeln sich alle um ihn herum und singen ein letztes Mal sein Lied. So schließt sich der Kreis, und er nimmt Abschied von der Welt, wie er begrüßt wurde. Seine Melodie begleitet ihn in die Welt der Seelen zurück, die er einst verlassen hat, denn auch die Ahnen der Verstorbenen heißen ihn singend willkommen. Angst vor dem Sterben hat er nicht, denn das Lied schafft die Verbindung zwischen Lebenden und Toten.

Ob dieser ostafrikanische Stamm tatsächlich existiert oder nicht – wir alle haben eine eigene Melodie, die eng mit uns verbunden ist. Gott hat jedem von uns ein Lied in die Wiege gelegt, doch es gerät leicht in Vergessenheit. Wenn Sie Ihr eigenes Lied singen, sind Sie auf dem richtigen Weg und haben Ihren Rhythmus gefunden, der einzigartig ist und Sie von allen anderen unterscheidet.

Was ist Schönheit?

Die Geschichte von der alten Frau in der Höhle

Was ist Schönheit? Wie definiert man sie? Nach welchen Kriterien unterscheidet man zwischen schön und hässlich? Was kann man als wahre Schönheit bezeichnen?

Ein Mann reiste um die ganze Welt, um herauszufinden, was es mit der Schönheit auf sich hat. Doch wen er auch fragte, die Antworten, die er erhielt, konnten ihn nicht zufriedenstellen. Und die, die er von Philosophen und Theologen bekam, waren ihm zu abstrakt.

Schließlich begab er sich in den Himalaya, wo viele weise Männer leben, und erfuhr, dass in einer Höhle jemand hause, der die Bedeutung von Schönheit am besten erklären könne. Nachdem er einige Tage lang steile Bergpfade und Klettersteige erklommen hatte, erreichte der Mann in der Nähe eines hohen Berggipfels den Eingang der Höhle. Es war darin so finster, dass er nicht weit hineinsehen konnte, und so rief er einen Gruß, um seinen Besuch anzukündigen. Zu seiner Überraschung kam es mit einer weiblichen Stimme zurück: »Was willst du?«

Als er sein Anliegen vorgetragen und gesagt hatte, er wolle wissen, was Schönheit bedeute, lud ihn die Bewohnerin in ihre

Höhle ein. Der »Jemand«, von dem die Leute gesprochen hatten, war also eine alte Frau. Sie beantwortete bereitwillig alle seine Fragen. Er blieb einige Tage und lauschte ihren Vorträgen über das Wesen der Schönheit. Von der Definition über die Kriterien, an denen man sie erkennt, bis hin zu den wechselnden Schönheitsidealen, die die Welt im Laufe der Geschichte kommen und gehen sah – die Frau breitete ihr gesamtes Wissen vor ihm aus.

Als sich der Mann an die Dunkelheit der Höhle gewöhnt hatte, konnte er jedoch nur mit Mühe sein Entsetzen verbergen, denn wie er die Höhlenbewohnerin vor ihrem spärlichen Feuer kauern sah, erschien sie ihm hässlicher als jede andere Frau, die er zuvor gesehen hatte. Ihr Gesicht war – womöglich aufgrund der Feuchtigkeit in der Höhle – von Warzen übersät, und ihre fauligen Zähne, die sich zwischen ihre Lippen schoben, standen kreuz und quer. Der modrige Geruch, der die Höhle erfüllte, entströmte ihrem elenden Leib. Ihr Rücken war bucklig, ihre Pupillen leer und ihre Stirn runzlig. Ihr Haar, das sie seit Langem nicht gewaschen hatte, war struppig und verfilzt.

In der dunklen Höhle gab es keinen Spiegel, der ihr Aussehen hätte reflektieren können. Einzig ihr Schattenriss wurde vom Feuer an die Wände geworfen, und im Gegensatz zu ihrem tatsächlichen Aussehen wirkte ihre Silhouette geheimnisvoll. Hier sprachen ihre Gesten und Bewegungen von einer geradezu faszinierenden Anmut.

Ihr Wissen über Schönheit war in jeder Hinsicht makellos. Doch so tragisch es sein mochte, äußerlich war sie ein Ausbund an Hässlichkeit.

Als schließlich die Zeit zum Aufbruch gekommen war, fragte der Mann, wie er sich für ihre Großzügigkeit, ihr umfangreiches Wissen mit ihm geteilt zu haben, dankbar erweisen könne. »Es gibt nur eins, worum ich dich bitte«, erwiderte die Frau. »Wenn du in die Welt zurückkehrst und über mich sprichst, erzähle allen von meiner Jugend und Schönheit.«

Hinter einer Wahrheit verbirgt sich manchmal eine hässliche Lüge. So wie die Frau in der Höhle, die zwar beredt über die Schönheit spricht, selbst aber grässlich anzusehen ist, wissen wir in der Theorie ganz genau, was wahr und gerecht ist, unsere Natur aber kommt meist nicht an dieses Ideal heran.

Und ich, der ich dies schreibe – wie steht es mit mir? Wie passt mein eigenes Erscheinungsbild zu der Schönheit, die ich in meinen Texten zu vermitteln suche? Ungeachtet meiner menschlichen Unvollkommenheit hoffe ich, dass das, was ich als wahr verkünde, auch aus meinen Taten spricht. Ich hoffe, dass ich auf dem Papier nicht größer herauskomme, als ich bin, dass ich unter blauem Himmel über das Leben schreiben kann und mich nicht in einer Höhle verstecken muss, die alles Licht verschlingt. Und ich hoffe, für mich selbst gut genug zu sein.

Wenn das Leben uns Fragen stellt, müssen wir uns auf unsere eigene Geschichte beziehen und Antworten geben können, die aus uns selbst heraus kommen, statt nachzuplappern, was andere sagen.

Gleiches gilt für das Glück. Wir hören uns Vorträge an und lesen Bücher darüber, auf welchem Weg es sich finden lässt, welche Voraussetzungen dabei zu erfüllen sind und welche Geheimnisse dahinterstecken. Wir wissen, dass wir jederzeit glücklich sein können. Wir wissen auch, dass sich das Glück trotz oder gerade wegen unserer Schwächen finden lässt, wenn wir uns mehr auf das, was das Leben uns schenkt, einlassen und es wertschätzen können. Auch dass Dankbarkeit und Glück in einer kleinen Blume auf der Wiese, im Frühlingssonnenschein und einer Tasse Tee zu finden sind. Aber gerade auf solche kleinen Dinge achten wir oft nicht. Wir haben einiges gemeinsam mit der Frau in der Höhle, die realitätsfern in ihrer Welt der abstrakten Logik gefangen ist und sich am Echo ihrer eigenen Stimme berauscht.

Wie wir an einen **guten Ort** gelangen, ist nicht wichtig. Es geht darum, wem wir dort begegnen und wie häufig etwas unser Herz berührt. Wir müssen mit dem Herzen schauen und uns Zeit nehmen. Vieles auf der Welt erschließt sich uns erst, wenn wir uns in Ruhe damit befassen und offen dafür sind. Fahren Sie mehrmals an den gleichen Ort! Nur dann offenbart er sein wahres Gesicht.

Ein Ort offenbart nicht gleich sein wahres Gesicht
Über Dinge, die zu uns finden, wenn wir lieben

Als ich das erste Mal ins Ojai Valley in Kalifornien kam, wo der spirituelle Lehrer Krishnamurti die letzten Jahre seines Lebens verbrachte, wurde ich enttäuscht. Die Orangenhaine und Sonnenuntergänge, die er in *Selbstgespräche: Das letzte Tagebuch* beschrieb, entpuppten sich als gewöhnliche Landschaft, in der nichts von einer besonderen spirituellen Energie zu spüren war. Die Stadt war eine Touristenhochburg mit entsprechend hohen Preisen, in der sich ein Luxusgeschäft ans andere reihte und die Reichen allabendlich mit ihren dicken Autos bei den Restaurants vorfuhren. Das Etikett »Kaliforniens bester Ort zum Meditieren« passte einfach nicht.

Als ich den als »Blumendorf« bekannten Ort Brockpa im nordindischen Ladakh besuchte, war meine Enttäuschung noch größer. Angeblich sollten dort in der traditionellen Tracht gekleidete Einheimische mit Blüten im Haar in einem Meer von bunten Blumen wandeln. Ich war extra in ein 4000 Meter über dem Meer gelegenes Hochtal gereist, um mit eigenen Augen dieses Dorf zu sehen, in dem, wie es hieß, Blumen mehr wert seien als Gold. Die Wirklichkeit aber war ernüchternd. Ich begegnete nur zwei oder drei älteren Damen in traditioneller Kleidung, und niemand trug eine Blume, geschweige denn im Haar. Bei dem Dokumentarfilm, den ich gesehen hatte, handelte es sich offenbar um eine gut inszenierte Fiktion.

Vor allem Indien blieb hinter meinen Erwartungen zurück. Ich erinnere mich, wie ich zum ersten Mal in das Land kam. Als ich nach Mitternacht am Flughafen von Mumbai eintraf, wurde ich nicht von weisen Männern erwartet, sondern von betrügerischen Taxifahrern und zerlumpten Bettlern. Wohin ich auch ging, überall zogen mich irgendwelche Händler über den Tisch, und die Meditationszentren verlangten zuallererst ein Eintrittsgeld. Nirgends war etwas vom Geist dieses angeblich so spirituellen Landes zu spüren. Es war ein einziges Streben nach Materiellem, ein einziges Chaos. Ich, der ich mein letztes Geld für diese Reise zusammengekratzt hatte, um den Lehren der Wahrheit zu folgen, zerfloss vor Selbstmitleid.

Genau genommen waren meine ersten Reisen allesamt eine Aneinanderreihung von Enttäuschungen. Die Realität war weit von dem entfernt, was ich mir vorgestellt hatte. In heiligen Wallfahrtsorten wimmelte es von Bauernfängern, und die Himalaya-Wanderung, bei der ich mir ausgemalt hatte, einem weisen Mann in einer Höhle zu begegnen, entpuppte sich als Übung in Selbstbeherrschung und Etappentour zwischen Gästehäusern und Essenslokalen. Die selbst ernannten Sadhus waren in Wirklichkeit ausgeflippte Realitätsverweigerer, die sich nicht einmal die Gesichter wuschen, und die Tempel waren Marktplätze gieriger Mönche.

Was ich damals noch nicht verstanden hatte: Orte stellen ihr Inneres nicht einfach so zur Schau. Orte geben ihren wahren Charakter nicht unmittelbar preis.

Reisende nehmen oft einen langen Weg in Kauf, um an ein bestimmtes Ziel zu kommen, in der Hoffnung, dass sich dessen Mysterium in wenigen Tagen erschließt. Das aber ist reine Illusion! Wenn man sich nicht genug Mühe gibt, bleibt einem die Magie des Ortes verborgen. Die Feen suchen flugs das Weite, wenn sie die Schritte eines Fremden hören.

Vermeintlich wohlmeinende Ratgeber warnen davor, sich von der Mystik Indiens blenden zu lassen: »Der Ganges ist kein Ort der Inspiration, sondern eine Kloake, und die Stätten, an denen die Leichen verbrannt werden, verpesten die Luft mit ihrem schädlichen Rauch. Da in dem Land Kühe verehrt werden, läuft man auf Schritt und Tritt Gefahr, in einen Kuhfladen zu treten. Aufgrund des gemächlichen Naturells der Leute sind bei Zügen Verspätungen um fünf bis sechs Stunden gang und gäbe. Zudem muss man ständig auf der Hut vor Betrügern sein. Und noch dazu bekommt man in Indien nicht einmal ein vernünftiges Curry zu essen.« So oder so ähnlich lauten die gängigen Kommentare über das Reisen in Indien.

Wenn wir von einem Ort enttäuscht sind, liegt das meist daran, dass wir noch nicht zu dessen Seele vorgedrungen sind. Er hat uns sein Herz noch nicht geöffnet, und wir haben noch keine Verbindung zu ihm. Wir sind nicht der Anweisung auf dem Schild gefolgt, die ich an einer Tempeltür gelesen habe: »Du musst deinen Kopf opfern, um zu diesem Ort zu gelangen.«

Ich habe wichtige Dinge von dem Fotografen Kim Young-Gap gelernt, einem Freund aus meiner Zeit in Seogwipo auf der Cheju-Insel. Wie ein Kritiker einmal über ihn schrieb, habe er 365 Tage im Jahr Berge bestiegen, egal ob es regnete oder schneite. Er habe sie sitzend, stehend und liegend betrachtet, und so sei es ihm in seinen Fotos gelungen, ihre verborgene Seele einzufangen – die Seele, die für Touristen auf der Durchreise unsichtbar ist.

Nach meiner ersten Enttäuschung habe ich jedes Mal im Ojai Valley vorbeigeschaut, wenn ich nach Kalifornien fuhr. Ich brauchte bald keine Landkarte mehr, um mich zurechtzufinden, und später schickte ich meinen Sohn dorthin zur Schule. Ich lernte einen Mann kennen, mit dem mich bis heute eine Freundschaft verbindet, und gemeinsam wanderten wir auf dem Weg, den Krishnamurti einst gegangen war. Ojai Valley ist für mich zu einem jener Orte geworden, nach denen ich mich ab und zu sehne.

Mittlerweile war ich sechsmal in Ladakh. Ich bin Helena Norberg-Hodge begegnet, die ein Buch über das Leben in Ladakh geschrieben hat, und wurde von einem Ehepaar, das ein Gästehaus mit üppigem Blumengarten betreibt, in die Familie aufgenommen. Als ich für die Übernachtung bezahlen wollte, weigerten sich die beiden, Geld von mir zu nehmen, und sie führten mich zu den Tempeln von Ladakh und in die Dörfer entlang des Indus. Bis heute habe ich den ladakhischen Gruß »Jullay, Jullay!« im Ohr, mit dem sie mich morgens weckten – in Ladakh, wo Splitter meiner Gedanken verweilen!

Seit 25 Jahren fahre ich jedes Jahr einmal nach Varanasi am Ganges. Als hätte ich die Augen zuvor nicht weit genug geöffnet, erschließt sich mir die Stadt mit ihren wunderbaren Menschen erst mit der Zeit nach und nach. Auch habe ich erst jetzt entdeckt, welche Feste der Farben, des Lachens und der Trauer man hier an Stellen feiert, die sich im normalen Alltag gut zu verbergen wissen. Wenn ich nun über meine Reisen dorthin schreibe, stehe ich dabei auf der Bühne von Varanasi.

Menschen, die in fremde Länder und an unbekannte Orte reisen, können manchmal ihre Enttäuschung nicht verbergen. Sie schimpfen, wenn andere positiv darüber reden, und halten deren Berichte für frei erfunden. Sie haben recht. Solange man nicht längere Zeit verweilt, bleibt jede Geschichte Fiktion. Orte zeigen sich zunächst nur von ihrer unattraktiven Seite, weil sie, genau wie wir Fremden gegenüber, misstrauisch sind. Sie treiben den Besucher Bauernfängern in die Arme, die ihnen das Geld aus der Tasche zu ziehen versuchen, zu Hotels, in denen man ihre Taschen durchfilzt, und genau an die Stellen, an denen sich die Kuhfladen türmen.

Wie wir an einen *guten Ort* gelangen, ist nicht wichtig. Es geht darum, wem wir dort begegnen und wie häufig etwas unser Herz berührt. Wir müssen mit dem Herzen schauen und uns Zeit nehmen. Jede Gegend dieser Welt ist wie eine Frau, die mit Sari und Schleier Körper und Gesicht verhüllt. Wenn sich ihr ein Fremder nähert, verbirgt sie sich hinter ihrem bunten Tuch und mustert ihn mit schwarzen Augen.

Vieles auf der Welt erschließt sich uns erst, wenn wir uns in

Ruhe damit befassen und offen dafür sind. Fahren Sie mehrmals an den gleichen Ort! Nur dann zeigt er Ihnen sein wahres Gesicht. Reisen Sie mit kleinem Gepäck und planen Sie mehr Zeit ein, als Sie zu brauchen meinen. Im Englischen heißt »reisen« »to travel«, was sich vom Französischen »travailler« ableitet – und das heißt so viel wie »(er)arbeiten«. Und genauso ist es: Orte wollen erarbeitet sein. Nicht nur Orte halten sich bedeckt, auch das Leben lässt uns nicht ohne Weiteres in sein Inneres blicken. Lieben wir es, fließt Liebe zurück. Es gibt Dinge, die nur zu uns finden, wenn wir lieben.

Wann hast du
das letzte Mal getanzt?
Vom Wert der Tanzmeditation

Es gibt Formen von Meditation, in der die Ruhe und Zentrierung im Tanz gesucht werden, so wie etwa bei den Derwischen, einer in der islamisch-mystischen Strömung des Sufismus wurzelnden Tradition. Der Dichter Rumi, der Musik und Tanz als wichtige Werkzeuge der Spiritualität betrachtete, lehrte seine Schüler immer zunächst diese als »Drehmeditation« bezeichnete Übung, bei der man sich fast eine Stunde lang mit ausgebreiteten Armen auf der Stelle im Kreis dreht. Die rechte Hand weist dabei gen Himmel, um göttliche Energie zu empfangen, und die linke zum Boden, um diesen Segen mit der Erde zu teilen.

Dieser Sufi-Tanz, auf Türkisch »Sema« genannt, was so viel wie »Himmel« bedeutet, ist eine besondere Art der Kontemplation, bei der der Tanzende mit dem Göttlichen (dem Himmel) in Verbindung tritt. Man dreht sich zuerst langsam und dann immer schneller in einer einfachen, sich wiederholenden Bewegung, die selbst den Betrachter in eine Art Trance verfallen lässt.

Als ich im Aschram in Pune, Indien, die Übung selbst zum ersten Mal über längere Zeit praktizierte, spürte ich ihre intensive Wirkung am eigenen Leib. Mein Körper mobilisierte sämtliche Energiereserven, und ich fühlte mich, als würde ich mich im Zentrum des Universums unaufhörlich drehen. Islamische Fundamentalisten verbieten diesen Tanz, aber in der Türkei und in Ägypten erfreut er sich großer Beliebtheit, und es werden sogar Kurse für Touristen angeboten. Da Anfängern leicht schwindelig werden kann, braucht es dazu einen großen Raum.

Ich kenne noch eine andere Form von Tanzmeditation, bei der man den Körper der Musik überlässt, ohne bestimmte Bewegungsabläufe oder Regeln einzuhalten. Man lässt den Tanz aus sich heraus entstehen, ohne ihn künstlich zu manipulieren. Weil man sich spielerisch dem natürlichen Fluss der Bewegungen hingibt, ist er sehr gut für Anfänger geeignet. Zu Beginn mag es sich etwas seltsam anfühlen, den Körper ohne festen Rhythmus zu bewegen; gibt man dem Geschehen aber freien Lauf, entwickelt sich allmählich eine einmalige Ausdrucksform, in die der Tanzende nicht willentlich eingreift. In dem Maße, wie Körper und Bewusstsein eins werden, tritt er mehr und mehr in den Hintergrund, bis nur noch der Tanz an sich bleibt. In diesem Zustand geht das Ego in der Bewegung des Körpers auf. Die sogenannte Nataraj-Tanzmeditation, so wie ich sie gelernt habe, besteht aus 40 Minuten Tanz und 15 Minuten Zazen. Und danach tanzt man eine Viertelstunde vor Glück.

Eine Tanzmeditation ist Selbstheilung durch Bewegung im Einklang mit der Musik. Die Bewegung löst in unserem Unterbewusstsein, was sich dort angesammelt hat, und sorgt dafür, dass es an die Oberfläche dringt. Durch das tiefe Eintauchen in unser

Inneres werden all die unzähligen Erinnerungen und Verletzungen, die in unserem Körper gespeichert sind, befreit. Manche sagen, es sei, als würde man Blüten, die sich nicht öffnen mögen, beim Aufblühen helfen. Was eine Knospe ist, will irgendwann blühen.

Für Alexis Sorbas, den Protagonisten des gleichnamigen Romans, ist Tanzen ein Mittel, um sich mit der Welt zu versöhnen, wenn sie ihm übel mitgespielt hat – eine Möglichkeit, mit dem Schmerz umzugehen. Als sein kleiner Sohn stirbt, tanzt er im Anblick des Leichnams. Die Leute zeigen mit dem Finger auf ihn und sagen, er sei verrückt. Er aber entgegnet: »Wenn ich jetzt nicht getanzt hätte, wäre ich verrückt geworden.«

In vielen Gegenden dieser Welt weiß man um die heilende Wirkung des Tanzens. In einem Stamm in Afrika begrüßt man den Tag damit, gemeinsam zu singen und zu tanzen. Wird dort einer krank, verfällt in Depressionen oder verliert den Lebensmut, besucht ihn der Medizinmann des Dorfes und stellt ihm vier Fragen, die so ganz anders sind als das »Was fehlt dir?«, das wir von unseren Ärzten gemeinhin als Erstes zu hören bekommen. Sie lauten so:

Wann hast du das letzte Mal gesungen?
Wann hast du das letzte Mal getanzt?
Wann hast du das letzte Mal über dich gesprochen?
Wann hast du das letzte Mal still gesessen?

Wenn all dies eine Weile zurückliegt, ist es für Körper und Geist nur natürlich, krank zu werden. Das Mittel, das der Medizinmann verordnet, ist klar: Mach alle vier Dinge, und zwar so schnell wie möglich.

Die Einbildung ist eine Geschichtenerzählerin

Warum es so wichtig ist, wachsam zu bleiben

Es war während eines längeren Aufenthalts in einer Stadt in Nordindien, als mich die Nachricht erreichte, dass der Sohn eines meiner einheimischen Freunde die Pocken habe. Mein Freund und ich kannten uns seit vielen Jahren und waren zusammen gereist, und so machte ich mich sofort auf den Weg, um ihn zu besuchen. Der junge Patient lag auf einem schmalen Bett. Das hohe Fieber machte es ihm schwer zu atmen. Sein ganzer Körper war mit einem roten Hautausschlag überzogen.

Wenn ein Inder die Pocken bekommt – eine Krankheit, die man hier als »Mataji«, also »Mutter«, bezeichnet –, ruft man nicht etwa den Arzt, sondern greift auf Hausmittel zurück oder begibt sich zum Tempel der Göttin Mataji, um zu beten. Dem Volksglauben zufolge würde es die Göttin noch mehr erzürnen und die Symptome verschlimmern, wenn man den Patienten ins Krankenhaus brächte. Es sei vielmehr alles daranzusetzen, Mataji zu beruhigen und so dazu zu bewegen, aus dem Körper des Kranken zu weichen.

In diesem Fall war der Patient gerade einmal 20 Jahre alt und sein Zustand so ernst, dass er die Augen kaum öffnete, als ich seine Stirn berührte. Um ihn herum waren frische Blätter des Niembaums ausgebreitet, die so ähnlich aussehen wie Akazienblätter und natürliche Antibiotika enthalten. In ländlichen Gegenden Indiens findet man auf jedem Grundstück einen solchen Baum, der genau wie das nach Pfefferminze duftende indische Basilikum »Tulsi« als Geschenk der Götter betrachtet wird.

Etwa eine halbe Stunde saß ich am Bett des Kranken, um ihm Mut und den Eltern Trost zuzusprechen, bevor ich in mein Gästehaus zurückfuhr. Wie blass wurden alle, einschließlich des Besitzers, als ich erzählte, dass ich einem Pockenkranken einen Besuch abgestattet hatte. Pocken sind eine hochgradig ansteckende, oft tödlich verlaufende Krankheit, die in geschlossenen Räumen mit der Atemluft leicht übertragbar ist. Neben dem typischen Hautausschlag reichen die Symptome von plötzlich einsetzendem hohem Fieber, Schüttelfrost, Kopfschmerzen und starken Bauchschmerzen bis hin zu Bewusstseinstrübungen.

Mir war nicht bewusst gewesen, um welch schwere Krankheit es sich handelte, und auf einmal bekam ich es selbst mit der Angst zu tun. Die Wahrscheinlichkeit war hoch, dass ich mich selbst infiziert hatte. Schließlich hatte ich eine halbe Stunde in einem engen, geschlossenen Raum mit dem Patienten verbracht, seine Hand gehalten und seine Stirn berührt. Was sollte ich bloß tun? Sollte ich so schnell wie möglich die Heimreise antreten, bevor ich Symptome bekam? Angenommen, ich würde mich untersuchen lassen und der Test fiele positiv aus … Dann müsste ich in Quarantäne! Nach Hause fliegen könnte ich dann nicht mehr. Oder sollte ich mich von Kopf bis Fuß mit Niemtinktur einreiben und mich auch in ein Bett aus Blättern legen? Würde das Gästehaus mir überhaupt weiter Quartier gewähren?

Die Angstgedanken wucherten rasant. Fiele ich ins Delirium, wer würde meine Familie in Korea informieren? Bei Pocken ist die Sterblichkeitsrate angeblich sehr hoch. Wie stand es um meine Chance, die Krankheit zu überleben? Wenn ich Ausschlag bekäme, würde sich keiner mehr in meine Nähe trauen. Sollte ich mir nicht rechtzeitig jemanden vor Ort suchen, der sich um mich kümmern würde?

Nach einer Nacht, in der ich aufgrund von düsteren Befürchtungen kaum ein Auge zutun konnte, saß ich morgens ohne das kleinste bisschen Appetit auf der Veranda des Gästehauses, als es mich plötzlich am Rücken juckte. Bei näherem Hinsehen entdeckte ich eine rote Pustel, die dem gefürchteten Hautausschlag verdächtig ähnelte. Meine Vorahnungen schienen sich in Gewissheit zu verwandeln. Ich befühlte meine Stirn. Sie kam mir ziemlich heiß vor.

Jetzt fingen meine Gedanken richtig zu rasen an. Es hieß, wenn das Virus in die Hornhaut eindringe, könne man erblinden. Wandere es ins Gehirn, sei mit einer Hirnhautentzündung zu rechnen. Das Gehirn ließ sich schwer schützen, aber vielleicht sollte ich mir die Augen mit Trinkwasser spülen? Natürlich war es möglich, dass es sich um einen gewöhnlichen Pickel handelte. Aber als ich daran kratzte, nässte er. Also doch eine Pocke!

Allein das rastlose Jagen meiner Gedanken deutete ich als Beleg dafür, dass sich mein Zustand verschlimmerte. Es gab damals noch kein Internet, sodass ich nichts Näheres zur Symptomatik und dem Krankheitsverlauf in Erfahrung bringen konnte, und ich fürchtete, mich zum Gespött der Leute zu machen, wenn ich mit meinen Symptomen zum Arzt ginge.

Ich aß kaum etwas zu Mittag, und bald darauf bekam ich Bauchschmerzen. Jetzt war ich mir sicher: Es würde kommen, was kommen musste. Ich sah mich schon stocksteif auf dem Bett liegen, während gütige Hände Niemblätter um mich ausstreuen. Am Ende würde man mich zum Krematorium am Ganges bringen. Wie nahe ich meinem Freund auch stand, ich hätte nicht zu ihm gehen und mich ans Bett eines Pockenkranken setzen dürfen! Genau genommen hätte ich gar nicht erst nach Indien kommen sollen. Hätte ich doch lieber den Mount Everest bestiegen. Und wenn schon, dass einem in der Höhe der Sauerstoff knapp wurde! Doch Schluss mit alledem. Beruhige dich und schaue dem Tod gelassen ins Auge. Du meditierst doch seit Jahren! Es mag noch so bedauerlich sein, nimm lachend Abschied vom Leben. Ist nicht alles vorbestimmt? Ist die irdische Existenz nicht ein ständiges Werden und Vergehen? Sollte ich vielleicht meine Familie und meine Freunde in Korea anrufen, solange ich dazu noch in der Lage war? Es wäre nicht gut, wenn sie aus den Nachrichten von meinem Ableben erführen …

Natürlich entsprangen meine Gedanken dem Narrativ meiner Einbildung. Es war einer jener Geschichten, die unsere

Fantasie uns erzählt, um uns leiden zu lassen und uns Angst einzuflößen und auf diese Weise daran zu hindern, unser Leben in die Hand zu nehmen. Dinge, die nicht geschehen sind, erhalten darin so viel Raum und Nahrung, dass sie eine ungeheure Kraft entwickeln.

Unsere Einbildung ist der beste Geschichtenerzähler der Welt. Selbst ein Nobelpreisträger für Literatur kann es an Fantasiebegabung nicht mit ihr aufnehmen. Die Bilder, die sie in uns aufsteigen lässt, haben mehr Kraft als alle Romane und Märchen. Gewinnt sie im Kopf die Oberhand, erscheint uns die Fiktion lebendiger als alle Wirklichkeit. Statt unser eigenes Leben zu leben, vegetieren wir an der Oberfläche unseres Daseins dahin; wir werden zum Schatten einer Person, die geistesabwesend in einem Bus vorüberfährt. Willig lassen wir uns von unserer Einbildung versklaven, aber sie ist uns ein schlechter Herr, denn sie hindert uns daran, auf das zu schauen, was wahr und wirklich ist im Leben, sodass wir mehr leiden, als die Realität es erfordert.

Unsere Einbildungskraft ist allzeit aktiv und erfindet ständig neue Geschichten. Jon Kabat-Zinn, Professor und Meditationslehrer an der Massachusetts Medical School, ist überzeugt, dass wir im Geist nie wirklich da sind, wo wir uns im Augenblick aufhalten, und unser Potenzial deshalb nie voll ausschöpfen können. Unsere Gedanken verfangen sich in dem Netz der Geschichten, die sie selbst willkürlich stricken.

Es gilt, ein Bewusstsein für diesen Prozess zu entwickeln, bevor die Einbildung ihr Narrativ zu weben beginnt. Schauen wir

mit wachem Verstand hin, können wir die Hirngespinste ent-
larven, die unsere Einbildung aus dem Garn unserer Ängste,
Sehnsüchte und Ungewissheiten spinnt.

Der Sohn meines indischen Freundes hatte nicht die Pocken, sondern die Windpocken. Seit Ende der 1970er-Jahre gelten die Pocken als weltweit besiegt. Windpocken haben normalerweise einen gutartigen Verlauf und heilen von selbst aus. Die
»Pustel« an meinem Rücken war ein normaler Pickel oder ein
Hitzebläschen. Durch das unentwegte Hin- und Hergehen in
der prallen Sonne hatte ich mir einen leichten Sonnenstich zu-
gezogen, wodurch sich die Übelkeit erklären ließ. Die Geschichte, die mir meine Einbildung eingeflüstert hatte, brachte zutage,
welch weiten Weg ich in meiner spirituellen Entwicklung noch
vor mir habe. Sie löste sich auf wie der Traum der letzten Nacht,
und einen Moment lang erhellte sich mein Geist. Bis zu seiner
nächsten Geschichte.

Letztlich sind wir alle gleich
Von Empathie und Mitgefühl

Einmal unternahm ich mit der Schauspielerin Kim Hye-Ja eine Reise nach Nepal. Wir waren auf dem Weg zu einer Ruine außerhalb von Kathmandu, als wir eine Frau am Straßenrand sitzen sahen, die diverse Schmuckstücke vor sich ausgebreitet hatte und zum Verkauf anbot. Da die historische Stätte ein beliebtes Ziel für Touristen war, gab es dort viele Straßenverkäufer, sodass die Frau nicht besonders auffiel. Kim Hye-Ja blieb jedoch bei ihr stehen und setzte sich zu ihr. Sie hatte nicht vor, ihr etwas abzukaufen. Wie ich erst jetzt merkte, hatte die Straßenverkäuferin den Kopf gesenkt und weinte. Stille Tränen liefen ihr über das Gesicht und tropften auf ihre billige Ware. Sehr zu meiner Verwunderung fing Kim Hye-Ja, wie sie neben der Frau saß und ihre Hand hielt, ebenfalls lautlos zu weinen an.

Inmitten der vielen Menschen saßen zwei Frauen unterschiedlicher Nationalität, Sprache und gesellschaftlicher Schicht auf dem Boden und weinten, ohne nach dem Grund für die Tränen zu fragen.

Hier wurde kein Dokumentarfilm gedreht, und wir befanden uns nicht an einem Set, wo ein Regisseur Anweisungen gegeben hätte. Was ich hier sah, war nicht der Schauspielkunst von Kim Hye-Ja geschuldet. Es waren echte Tränen der Empathie und des Mitgefühls.

Empathie ist lebenswichtig, sagen Psychologen. »Einfühlungsvermögen hält die Grausamkeit des Menschen im Zaum. Unterdrücken wir unsere instinktive Neigung, uns in die Situation anderer hineinzuversetzen, behandeln wir sie wie Objekte, und je mehr wir sie wie Objekte behandeln, desto gefährlicher wird die Welt«, schreibt Daniel Goleman in seinem Buch *EQ. Emotionale Intelligenz.* Untersuchungen haben gezeigt, dass Empathie im Gehirn verankert und der Mensch grundsätzlich altruistisch ist. In Verhaltensexperimenten mit Rhesusaffen, deren Intelligenz nicht an die von Schimpansen heranreicht, entschied sich ein Versuchstier zu hungern, als es begriff, dass es jedes Mal, wenn es nach Essen griff, einem anderen Affen im Käfig einen elektrischen Schlag versetzte. Sobald ein anderes Tier vor Schmerz aufschrie, verweigerte dieser Affe die Nahrungsaufnahme, und das Experiment wurde nach zwölf Tagen abgebrochen. Säuglinge weinen weniger schnell aus eigener Not, als wenn sie sehen oder hören, wie ein anderes Baby schreit.

In neurologischen Fachkreisen finden die kürzlich entdeckten »Spiegelneuronen« große Beachtung. Es handelt sich dabei um Nervenzellen, die bewirken, dass wir die Handlungen eines anderen wie in einem Spiegel reflektieren. Sprich: Wir brauchen nur zu sehen, wie ein anderer etwas tut, um in unserem

Gehirn eine Reaktion auszulösen, als täten wir es selbst. Weint jemand in unserer Anwesenheit, wird in unserem Gehirn das Areal aktiviert, das uns selbst die Tränen in die Augen treibt. Der gleiche Mitzieheffekt tritt ein, wenn wir mit jemandem zusammen sind, der lacht oder glücklich ist.

Die Entdeckung der Spiegelneuronen gilt als Meilenstein der modernen Gehirnforschung, denn ihre Existenz liefert die wissenschaftliche Erklärung für das menschliche Einfühlungsvermögen. Sie spielen eine entscheidende Rolle, wenn es darum geht, uns in die Lage und Gefühle unserer Mitmenschen hineinzuversetzen. Das Gehirn ist so verdrahtet, dass wir mit anderen in Beziehung treten und Gefühle füreinander empfinden können, was eine wesentliche Voraussetzung für unser Überleben ist. Wenn es zu einer Schädigung dieser Nervenzellen kommt, geht das Mitgefühl verloren. An anderen zeigen die Betroffenen dann keinerlei Interesse mehr. Es fehlt ihnen an Sozialkompetenz, sie sind egoistisch beziehungsweise egozentrisch und weisen in schweren Fällen ähnliche Verhaltensweisen auf wie Autisten.

Empathie ist eng mit dem Erleben von Glück und Zufriedenheit verknüpft. Wer sich in Momenten der intensiven Freude oder tiefen Trauer mit einem anderen konfrontiert sieht, der ungerührt bleibt wie ein Stein, der fühlt sich unverstanden. Fehlende Empathie ist das größte Hemmnis für die Entstehung echter Beziehungen. Erst sie macht den Menschen menschlich.

Es kommt nicht alle Tage vor, dass sich eine Frau inmitten des Geschiebes von Touristen und Straßenhändlern zu einer anderen setzt, um in aller Öffentlichkeit mit ihr zu weinen. Kim Hye-Jas Fähigkeit, die Traurigkeit der Schmuckverkäuferin, deren Sprache sie nicht einmal verstand, bedingungslos nachzuempfinden und mit ihr mitzuleiden, macht sie als Schauspielerin wohl so authentisch.

Nach einer kleinen Weile schimmerte durch die Tränen der Nepalesin ein erstes zaghaftes Lächeln, das kurz darauf zum Strahlen wurde – ein Beispiel für die heilende Kraft der Empathie. Indem wir unseren Schmerz teilen, erfahren wir Trost und Stärkung. Zum Abschied wählte Kim Hye-Ja ein Armband aus und gab der Straßenverkäuferin 300 Dollar, ein Vermögen für diese Frau. Sprachlos schaute sie abwechselnd auf das Geld in ihrer Hand und zu Kim Hye-Ja. Im Gehen schaute ich noch einmal zurück, und ich sah, dass die Frau eilig ihren Platz räumte.

Auf meine Frage, warum Kim Hye-Ja ihr so viel Geld gegeben habe, erwiderte sie lächelnd: »Wünscht sich nicht jeder, wenigstens einmal das große Los zu ziehen? Das Leben ist für alle schwierig.«

Kim Hye-Ja trug das Armband während der gesamten Reise. Damals machte auch sie eine schwierige Zeit durch, obwohl von ihrem Leid und ihrer Verzweiflung kaum etwas an die Öffentlichkeit drang. Sie heilte ihren eigenen Schmerz, indem sie sich mit echter Anteilnahme in den Kummer anderer hineinfühlte. Empathie ist die bewusste Entscheidung, ungeachtet eigener Probleme offen für den Schmerz anderer zu sein.

Als ich Kim Hye-Ja einige Zeit später auf die Geschichte in Nepal ansprach, sagte sie:

»Der Unterschied zwischen dieser Frau und mir ist gar nicht so groß. Sie will glücklich sein, kleine Wunder erleben und nur ab und zu ein wenig Trost erfahren, genau wie ich. Letztlich sind wir alle gleich.«

Ich schau dir ins Gesicht

Tibetische Muttermeditation

Die Sozialaktivistin und ökologische Philosophin Joanna Macy war überzeugt, sich mit Mitgefühl auszukennen. Den Begriff der Barmherzigkeit kennt man schließlich in allen Religionen. Dennoch stieß sie im tibetischen Flüchtlingslager von Dalhouji am Fuße des Himalayas in Nordindien auf eine neue Bedeutung. Im Sommer des ersten Jahres, das sie dort verbrachte, arbeitete sie in dem Camp und half, die gesundheitliche und materielle Grundversorgung der dort lebenden Menschen sicherzustellen. Dabei bekam sie oft Sätze zu hören wie: »Diese Mücke war im letzten Leben vielleicht deine Mutter.« Oder dieser Wurm war es; oder dieses Huhn. »Du darfst diesen Lebewesen kein Leid antun.«

Alle Lebewesen, so erklärte man ihr, würden unzählige Reinkarnationen durchlaufen, und so sei die Wahrscheinlichkeit hoch, dass jedes von ihnen in irgendeinem früheren Leben auch einmal ihre Mutter gewesen sei. Und ein tibetischer Mönch erklärte ihr, wie sie Mitgefühl für alle Menschen entwickeln könne, indem sie in jedem ihre potenzielle Mutter aus einem früheren Leben sieht.

Als Joana eines Nachmittags wie so oft den schmalen Pfad hinunter zu den Unterkünften ging, dachte sie über die Worte des Mönchs nach. Er hatte sie damit zwar nicht überzeugen können, aber aus irgendeinem Grund gingen sie ihr nicht aus dem Kopf. Natürlich kam es für sie nicht infrage, nach seinen Lehren zu leben. Schließlich glaubte sie nicht an Reinkarnation.

Während sie so ihren Gedanken nachhing, sah sie einen Mann mit schwer beladenem Rücken mühsam den gewundenen, von Zedern und Azaleen gesäumten Pfad hinaufsteigen. In den Dörfern des Himalayas sieht man oft Arbeiter, die mit hoch aufgetürmten Lasten steile Bergpfade erklimmen. Diejenigen, die riesige Baumstämme auf den Schultern den Hang hochschleppten, taten Joanna besonders leid. Diese Leute, die meist der unteren Kaste angehörten, waren krumm und schief von den schweren Lasten, die sie von klein auf hatten tragen müssen. Wann immer sie einem dieser Männer begegnete, gab es Joanna einen Stich, und sie fing an, auf die sozialen und wirtschaftlichen Strukturen zu schimpfen, die ihre Ausbeutung erst möglich machten.

An diesem Nachmittag aber blieb sie stehen und beobachtete schweigend, wie die ausgemergelte Gestalt ihr mit seiner enormen Last o-beinig entgegenstieg. Es war ein großer Zedernstamm, den er auf dem Rücken trug. Als der Mann nach mühevollem Anstieg bei ihr anlangte, legte er das eine Ende seines Baumstamms auf einer Steinmauer ab, um einen Moment lang Atem zu holen.

Da schoss ihr plötzlich der Gedanke durch den Kopf, dass dieser Mann einmal ihre Mutter gewesen sein könnte, und plötzlich hatte sie das Gefühl, ihm ins Gesicht schauen zu müssen. Sie wollte wissen, wer er war!

»Namaste!«, grüßte sie und trat zu ihm hin. Doch der Mann, der ja immer noch die eine Seite des Baumstamms mit dem Rücken stützen musste, hatte den Oberkörper so weit vorgebeugt, dass er zum Boden schaute. Joanna musste sich also bücken, um sein Gesicht betrachten zu können.

In dem Moment aber, in dem sie es sah, stieg ein Gefühl in ihr auf, wie sie es noch nie gekannt hatte. Freude und Schmerz mischten sich auf eine ganz neue, berührende Weise, denn sie erkannte in den faltigen Zügen dieses Mannes tatsächlich das Antlitz, das vor langer Zeit einmal ihrer Mutter gehört hatte. Wie gern hätte sie es berührt, ihm in die Augen geschaut. Am liebsten hätte sie das Seil, mit dem der Mann den Baumstamm an seinem Rücken festgezurrt hatte, gelöst und seine Bürde bis zu dem Dorf oben auf dem Berg mit ihm geteilt.

Letztlich tat sie es nicht, halb aus Respekt vor dem Träger, halb aus Angst vor Peinlichkeit. Sie blieb in ein paar Schritten Entfernung stehen und betrachtete sein graues bärtiges Kinn, den Lumpenhut und die knotige Hand, mit der er den Baumstamm umfasste, der über seinem Kopf aufragte.

In ihr stiegen nicht wie üblich Gedanken daran auf, wie fehlgeleitet und ungerecht doch die sozialen Strukturen seien. Sie sah in dem Mann kein Mitglied einer ausgebeuteten, unterdrückten Klasse, kein Opfer eines Wirtschaftssystems. Sie sah nur ihn selbst – den einzigartigen, unersetzlichen und unvergleichlich wertvollen Menschen. Ihre Mutter und ihr Kind zugleich, aus einem früheren Leben. Ein Mensch, der sich nach Glück sehnte und Unglück vermeiden wollte, genau wie sie. Die Perspektive, aus der Joanna die Welt betrachtete, hatte sich mit einem Mal verschoben.

Es kamen ihr Fragen in den Sinn, die sie sich so noch nie gestellt hatte: Wohin geht dieser Mann? Wann kommt er nach Hause? Wird er zur Begrüßung von einem geliebten Menschen mit einer guten Mahlzeit empfangen? Warten Ruhe, Entspannung, fröhliche Lieder und eine herzliche Umarmung auf ihn? In ihrem Blick, der früher ausschließlich auf soziale Widersprüche gerichtet war, lagen nun Mitgefühl und Empathie. Was sie spürte, war nicht das arrogante Mitleid der Wohlhabenden gegenüber dem Armen, sondern ein tief empfundenes Interesse von Mensch zu Mensch.

Joanna schaute zu, wie der Mann seine Last wieder aufnahm und seinen Anstieg fortsetzte. Dann wandte auch sie sich um und setzte ihren Weg fort. Sie hatte nichts getan, um sein Leben zu verändern. Aber von diesem Tag an erschienen ihr die Bergpfade des Himalayas in einem neuen Licht, und in ihrem Inneren hatte sich etwas verändert. Nicht, dass sie plötzlich an Reinkarnation geglaubt hätte oder zum tibetischen Glauben konvertiert wäre. Sie spürte nur, dass eine Schranke gefallen war und ihr Herz sich öffnete.

Die tibetische Muttermeditation erinnert uns daran, dass jedes Lebewesen früher einmal unsere Mutter gewesen sein könnte, oder auch unser Kind. Sie lehrt uns, uns anderen freundlich zuzuwenden. Dass jeder Kollege, Angreifer oder auch Notleidende und Unterdrückte, der in einem lebensbedrohlichen Konflikt ums Überleben kämpft, uns als Mutter eine Schüssel Reis gekocht haben könnte, ist eine tief berührende Vorstellung, die uns ein liebevolles Lächeln auf die Lippen zaubert, ob wir einem Passanten auf der Straße begegnen oder jemandem, dem wir bislang nicht verzeihen konnten.

Die gesamte Menschheit zu lieben ist etwas anderes, als den Menschen vor uns zu lieben. Die Welt zu retten ist etwas anderes, als uns selbst in einem anderen wiederzuerkennen. In jedem, dem wir begegnen, die eigene Mutter oder das eigene Kind zu sehen, eröffnet uns eine ganz neue Perspektive. Jemanden gut zu kennen bedeutet, ihm ins Gesicht zu schauen und zu sehen, was sich dahinter verbirgt. Empathie und Liebe überwinden Distanz und Diskriminierung.

Der verwundete Heiler

Nur wer den Schmerz kennt,
kann ihn in anderen nachempfinden

In der Psychologie von C. G. Jung ist der Archetyp des »verwundeten Heilers« beschrieben. Nur wer selbst einmal verletzt war, könne demnach ein guter Heiler für andere sein. Weil er den Schmerz am eigenen Leib erfahren hat, kann er nachempfinden, wie es einem anderen in seinem Leid ergeht. Wahre Heiler sind Menschen, die anderen helfen können, weil sie von ihren eigenen Wunden genesen sind.

Jean Gionos inspirierender Umweltroman *Der Mann, der Bäume pflanzte* handelt von einem Mann, der ganz allein Hunderttausende Bäume pflanzt und eine karge Landschaft in einen paradiesischen Wald verwandelt. Mehr noch als der beeindruckende Beitrag für die Natur, den er leistet, interessiert mich der Selbstheilungsprozess des Protagonisten Elzéard Bouffier. So still und unbemerkt geht er ans Werk, dass die Dorfbewohner am Ende glauben, der Wald sei wie durch ein Wunder auf natürliche Weise gewachsen und nicht Baum für Baum von menschlicher Hand aufgeforstet worden.

In dem Buch wird Bouffier zwar als alter, einsamer Schäfer dargestellt, tatsächlich aber ist er erst Mitte 50. Bevor er in die

Gegend zieht, bewirtschaftet er mit seiner Familie an einem anderen Ort einen Bauernhof, bis ihn ein schwerer Schicksalsschlag trifft: Sein einziger Sohn wird plötzlich aus dem Leben gerissen, und bald darauf verliert er auch seine Frau. Allein auf sich gestellt, beschließt er, sein Dorf zu verlassen, das voller Erinnerungen an die beiden steckt. Nur seinen Hund nimmt er mit auf seine Wanderschaft.

In einer fremden Gegend, in der kaum Trinkwasser zu finden ist, quartiert er sich in einer verlassenen Hütte an einem Hang ein. In diesem Teil des Romans lässt sich erahnen, wie tief die Trauer des Mannes ist – sie und die Einsamkeit haben ihn über seine Jahre altern lassen. Er lebt derart isoliert, dass er die Sprache verliert.

Nach drei Jahren des totalen Rückzugs öffnet er eines Tages die Tür seiner Hütte und tritt hinaus in die Welt. Er beginnt, auf den verödeten Hängen, auf denen nichts als wilder Lavendel wächst, Baumsamen zu setzen. Jeden Abend nimmt er sich den Sack mit den Eicheln vor, die er gesammelt hat, breitet sie auf dem Tisch aus und wählt die besten aus – die makellosen ohne Sprung. Es ist, als würde er als Gegenmittel gegen den Schmerz gesunde, positive Emotionen wählen und alles, was in ihm selbst zerbrochen und verletzt ist, sorgfältig aussortieren, damit es ihm nicht mehr den Lebenswillen raubt.

»Der Schäfer brachte einen kleinen Sack und schüttete einen Haufen Eicheln auf den Tisch. Er besah sich jede einzelne genau und trennte die guten von den schlechten. Dann sammelte er die dicken und fruchtbaren heraus, unterteilte sie in

134

Häufchen zu zehn Stück und ordnete sie in einer Reihe an. Erneut untersuchte er die Eicheln und sortierte selbst die mit feinsten Rissen aus. Sobald er zehn Häufchen mit Eicheln in einwandfreiem Zustand beieinanderhatte, hörte er auf und ging zu Bett.«

Bäume zu pflanzen war sein Heilungsweg. Unermüdlich setzte er sein Werk fort. Nach 37 Jahren, in denen er täglich 100 gesunde Samen setzte, waren Hunderttausende von Bäumen an dem Hang gewachsen. Die Ödnis hatte sich in einen Wald verwandelt, die Luft war eine andere geworden, und das nahe gelegene Dorf mit ehemals nur drei Einwohnern hatte sich zu einem Städtchen mit 10 000 Einwohnern entwickelt. Durch das Engagement nur eines einzigen Menschen hatte sich eine unwirtliche Gegend in einen fruchtbaren Landstrich verwandelt.

Bei der Arbeit an der frischen Luft schöpfte der Mann neue Kraft für Körper und Geist, sodass sein Lebenswille wieder erwachte. Jedes Mal, wenn er mit seiner Eisenstange ein Loch in den toten Boden bohrte und einen Samen hineinsteckte, begrub er seine Trauer und pflanzte Hoffnung auf neues Leben. Durch diese Arbeit konnte er seinen Schmerz und zugleich das verdorrte Land heilen, was ein Wunder auf Erden war. Während er in freier Natur mit dem Himmel, dem Wind und den Bäumen sprach, schlossen sich die Wunden, die das Schicksal in seine Seele geschlagen hatte, und er fand seinen inneren Frieden wieder.

Das Schicksal spielt uns mitunter übel mit. Ein Unglück bricht über uns herein, wir sind seelisch am Boden zerstört, und statt

Blüten zu treiben, bringt das Narbenfeld unseres Herzens nur Dornenbüsche hervor. Wann immer uns das Leben auf eine harte Probe stellt, gilt es zu fragen, was wir selbst tun können, um uns zu heilen – und nicht nur uns selbst, sondern auch unsere Umgebung. Das nämlich kann die Selbstheilungskraft des Menschen bewirken. Sie versetzt uns in die Lage, Trauer zu überwinden und unser inneres Gleichgewicht wiederzufinden. Ist unsere Seele in Balance, schafft sie sich ein gedeihliches Umfeld. Fruchtbare Eicheln zu suchen und in die Erde zu pflanzen, kündet von der Vision eines prächtigen Waldes. Ohne eine solche Vision regiert nicht nur in unserem Herzen die Kargheit und Ödnis, sondern auch in der Welt, die uns umgibt.

Lebensweisheit besteht nicht darin, Unglück zu vermeiden, sondern selbst unter ungünstigen Umständen gesunde Samen zu setzen. Es geht darum, dem Quell des Lebens zu vertrauen. Widrigkeiten sind wie der Wind, der dem Samen die schützende Deckschicht raubt, bis nur er selbst übrig bleibt, woraufhin er eine erstaunliche Zähigkeit entwickelt. Der Naturalist Henry David Thoreau sagte einmal: »Ich glaube fest an die Kraft des Samens. Wenn Sie mir sagen, Sie haben ein Samenkorn, erwarte ich Wunder.«

Der Ich-Erzähler des Romans, der Elézard Bouffier auf einer Alpenwanderung begegnet, schreibt über ihn: »Das Zusammensein mit diesem Mann schenkte Frieden ... Er ließ mich spüren, dass nichts ihn stören könnte.«

Wir können also unsere Verletzungen heilen und Probleme überwinden, wenn wir etwas für andere und die Welt tun. Je vertrauter uns unser eigener Schmerz ist, desto besser können wir andere heilen. Das ist es, was C. G. Jung meint, wenn er vom »verwundeten Heiler« spricht.

Nachdem der Autor des Romans, Jean Giono, seinen Protagonisten über mehrere Jahrzehnte begleitet, kommt er zu folgendem Schluss:

»Ich fand, dass Menschen Göttern auf andere Weise als in der Zerstörung gleichen können.«

Es muss nicht zwangsläufig so sein, dass Menschen, die verletzt wurden, sich selbst oder andere zerfleischen. Während die meisten einsam ihre Wunden lecken, verändert Bouffier die Welt. Das Setzen von Bäumen, mit dem er seine Einsamkeit und sein Unglück zu heilen versucht, beschert Fremden, die »auf nichts anderes hoffen als auf den Tod, während sie einander hassen«, einen lebendigen Wald mit plätschernden Bächen und singenden Vögeln. Die Botschaft von *Der Mann, der Bäume pflanzte* ist einfach, aber stark – es ist die Geschichte eines verwundeten Heilers.

Therapieren wir andere, statt sie zu terrorisieren. Heilen wir sie, statt sie anzugreifen. Angriff und Heilung sind beides Resonanzphänomene. Die Energie, die wir aussenden, kommt in gleicher Form zu uns zurück. Die Welt ist wie ein Berg, und alles, was man je von ihr zurückbekommt, ist der Widerhall der eigenen Stimme. Wir können nicht behaupten: »Ich habe schön gesungen, aber der Berg hat schief zurückgesungen.« So funktioniert das Leben nicht.

Von der verletzenden Kraft der zweiten Pfeile

Warum wir uns selbst oft am meisten wehtun

Ein Meister fragt seinen Schüler: »Würde es wehtun, wenn du von einem Pfeil getroffen würdest?«

»Das würde es«, antwortet der Schüler.

»Würde es noch stärker schmerzen, wenn dich ein zweiter Pfeil an derselben Stelle träfe?«, fragt er weiter.

Der Schüler nickt. »Das wäre äußerst schmerzhaft.«

»Jeder kann von Pfeilen getroffen werden. Aber wie stark wir den dabei entstehenden Schmerz empfinden, hängt von uns selbst ab.«

Der erste Pfeil ist ein tatsächliches Ereignis, der zweite die emotionale Reaktion auf das, was passiert. Verluste, Misserfolge und Katastrophen erleidet jeder im Leben. Ein Großteil des Schmerzes entsteht jedoch dadurch, wie wir darauf reagieren. Es heißt, das Leben sei eine Qual, doch der Pfeil, der uns am häufigsten trifft, ist der zweite, den wir auf uns selbst abschießen. Er verstärkt den Schmerz des ersten um ein Vielfaches.

Es war 20 Jahre her, dass eine Frau sich hatte scheiden lassen. Seither quälte sie sich mit ihrer Wut auf den früheren Gatten und die ungerechte Behandlung, die sie durch ihn erfahren hatte. Sie konnte es nicht lassen, vor den gemeinsamen Kindern und ihren Freunden schlecht über ihn zu reden. Und weil sie keinem Mann mehr vertraute, hielt keine neue Beziehung länger als einen Monat. In ihr gab es keinen Raum, in dem ein Gefühl von Liebe hätte gedeihen können, denn sie schoss zu viele zweite Pfeile auf sich ab. Das Festhalten an ihrer kalten Wut versetzte sie in eine Schockstarre, die keine Nähe zu anderen erlaubte.

Erst als bei ihr Leukämie diagnostiziert wurde, wurde ihr klar, dass sie ihren Zorn nicht mit ins Grab nehmen wollte. Sie bereute, ihr Leben ohne Liebe verschwendet zu haben. Nach einem Besuch bei Elizabeth Kübler-Ross, der Autorin von *Geborgen im Leben*, sagte sie, sie wolle wenigstens friedlich sterben, wenn sie schon nicht in Frieden hatte leben können. Sie hatte lange gebraucht, um zu begreifen, dass sie sich selbst ihr Leben vergällt hatte – sie war das Opfer ihrer zweiten Pfeile. An dem festzuhalten, was man bereits verloren hat, ist der kürzeste Weg zum Verlust all dessen, was man noch hat.

Wenn wir eine Situation als unangenehm erleben oder wenn uns etwas gegen den Strich geht, belasten wir uns damit oft mehr als nötig. Nehmen wir an, wir seien mit dem Auto unterwegs und ein anderes Fahrzeug würde, ohne zu blinken, auf unsere Spur wechseln. Wir fangen an zu schimpfen und regen uns furchtbar auf – ein zweiter Pfeil, der, kaum dass er abgeschossen ist, unseren Puls beschleunigt und uns am klaren Denken hindert. Oder wir haben uns eigens das Wochenende freigenommen, um an einem Meditationsworkshop teilzunehmen.

Der aber wird am Vortag kurzfristig abgesagt. Statt wie geplant in dem idyllisch im Wald gelegenen Meditationszentrum Stille und Frieden zu finden, tritt augenblicklich die Verärgerung auf den Plan, und schon schnellt ein zweiter Pfeil nicht nur Richtung Veranstalter, sondern auch in unsere eigene Richtung ab. Wir haben einem anderen in bester Absicht geholfen, aber es kommt kein nennenswertes Dankeschön zurück – etwas, das unter Geschwistern oder Freunden schon einmal passiert. Die Enttäuschung versetzt uns momentan einen Stich ins Herz, was uns aber viel stärker trifft, sind die emotionalen Pfeile aus unserem eigenen Köcher.

Einer meiner Freunde wurde einmal zu Unrecht für etwas beschuldigt, das er gar nicht getan hatte. Die Vorwürfe entbehrten jeder Grundlage, aber die verdrehte Wahrnehmung der menschlichen Psyche zu korrigieren, ist alles andere als einfach. Selbst Leute, die stolz verkünden, wie ehrlich und aufrichtig sie seien, machen manchmal einen anderen aus Eigennutz oder Eifersucht zum Sündenbock. In diesem Fall waren die Anschuldigungen so bösartig, dass manche Leute aus dem engeren Umfeld meines Freundes nichts mehr mit ihm zu tun haben wollten. Hätten sie sich die Mühe gemacht, etwas näher hinzuschauen, wäre ihnen klar geworden, dass es sich um üble Nachrede handelte, doch nicht jedem ist an Aufklärung gelegen. Während die Wahrheit sich noch die Schnürsenkel bindet, ist die Lüge schon um die halbe Welt geeilt.

Gefühle von Kränkung, Verrat, Hass und Rache verfolgten meinen Freund bis in seine Träume hinein. Sie hinderten ihn, sein Leben im Hier und Jetzt zu genießen. Wie eine Pflanze, die einen neuen Topf braucht, weil der alte zu klein geworden ist, wuchern die Wurzeln von negativen Gefühlen im Pflanzgefäß des Herzens. Wir sollten nicht zulassen, dass emotionale Verletzungen in unserem Inneren allzu sehr Raum greifen. Ich habe meinen Freund gefragt, was schlimmer für ihn gewesen sei – die Angelegenheit an sich oder seine eigene emotionale Reaktion darauf. Am Ende bleibt uns nichts anderes übrig, als zu tun, was er getan hat: die selbst abgeschossenen Pfeile beherzt herauszuziehen. Das Leben ist zu kurz, um mit anderen zu hadern und uns dabei selbst zu torpedieren.

Werden wir von einem Pfeil getroffen, rät uns der Buddha, den Schmerz zuzulassen, das Leiden aber in Grenzen zu halten. Einmal ging er selbst zu einem kranken Schüler und lehrte ihn, wach zu bleiben, auch wenn er Schmerzen hatte. Wunden nicht zu tief werden zu lassen, Enttäuschungen nicht zu lang nachzuhängen, uns dem Schmerz nicht zu sehr hinzugeben – auf diese Weise weichen wir dem zweiten Pfeil aus. Es tut nur einen Moment lang weh, man wird nur vorübergehend wütend, man muss nur für einen Augenblick traurig sein. Wenn dieser Zeitraum verstrichen ist, sehen wir wieder klar und wenden uns anderen Dingen zu.

Auf den ersten Pfeil reagieren wir routiniert, im Umgang mit dem zweiten aber tun wir uns schwer. Kalu Rinpoche sagt: »Bei der Vergebung geht es nicht darum, den zu entlasten, der uns verletzt hat. Es geht darum, uns selbst von unserem Groll, unserer Wut und unserem Hass auf den anderen zu befreien.«

Die Bewohner eines Dorfes beschlossen, einen Hang umzuackern und dort Birnbäume zu pflanzen. Die Früchte, so hofften sie, würde ihnen die Armut erträglicher machen, und so gossen sie die Pflanzen fleißig und düngten sie mit Mist. Allein mit anzusehen, wie die Bäumchen Jahr um Jahr wuchsen, bereitete ihnen große Freude.

Als es irgendwann so weit war, die ersten Früchte zu ernten, stellte sich allerdings heraus, dass es nicht Birnen, sondern Äpfel waren. Die Dorfbewohner hatten die falschen Setzlinge gewählt. Da sie so lange auf den Birnensegen gewartet hatten, war ihre Enttäuschung riesig. Sie konnten die Sache nicht einfach so akzeptieren! Sie verschlossen also die Augen vor den Tatsachen und fingen an, die Äpfel Birnen zu nennen.

Daraus aber ergab sich ein anderes Problem. Es gab bereits Apfelbäume im Dorf, die sehr üppig Früchte trugen, und nun wussten sie nicht, wie sie diese Äpfel nennen sollten. Um Verwirrung zu vermeiden, beschlossen sie, auch sie künftig Birnen zu nennen. So kam es, dass es im Ort keine Äpfel mehr gab.

Immer wenn sie auf den Markt gingen, um ihre »Birnen« zu verkaufen, machten sich Bewohner anderer Dörfer über sie lustig und verspotteten sie. Die Leute aus dem Dorf fühlten sich gedemütigt und von den verrückten Bäumen, die Äpfel anstelle von Birnen trugen, betrogen. Irgendwann war ihr Zorn so groß, dass sie den Hang hinaufstürmten und alle Bäume fällten. Nach all den Jahren harter Arbeit blieb ihnen nichts als Enttäuschung und Wut. Was für einen heftigen zweiten Pfeil sie da auf sich abgeschossen hatten! Diese Geschichte erzählt Yi Chong-Jun in seinem Kurzroman *Die verrückten Apfelbäume.*

Wie oft wünschen wir uns Birnen, wenn an den Ästen Äpfel hängen. Das größte Leid im Leben entsteht, weil unser Herzenswunsch nach Birnen nicht den Äpfeln der realen Welt entspricht. Wir nehmen das, was uns begegnet, persönlich und befrachten es sofort mit Emotionen. Was uns den größten Schmerz bereitet, ist unsere Interpretation des Geschehens, nicht das, was tatsächlich passiert ist. Schmerzfrei leben heißt nicht, alle Probleme zu eliminieren, sondern die Dinge emotional nicht zu verkomplizieren.

Vor Pfeilen, die von außen kommen, können wir weglaufen oder ihnen ausweichen. Aber vor den Pfeilen, die aus unserem Inneren kommen, gibt es kein Entrinnen. Das Schädlichste für den Geist ist das »Wiederkäuen« von Gedanken, denn es wirkt in uns wie ein Giftpfeil. »Es ist gut, in ein Problem hineinzuspüren«, sagt man bei uns in Korea. »Aber fall dabei nicht um!«

Wenn wir von außen getroffen werden, geschieht dies ohne unser Zutun und liegt nicht in unserer Macht. Aber ob wir auf diesen ersten Pfeil einen zweiten folgen lassen, haben wir selbst in der Hand. Ihn nicht abzuschießen – darin liegt die Schwierigkeit. Natürlich braucht es einen starken Willen, um uns in unserem Leben nicht von äußeren Geschehnissen stören zu lassen. Wann immer uns etwas widerfährt, das wir so nicht wollen, sollten wir hinschauen und uns fragen:

»Will ich wirklich einen zweiten Pfeil auf mich schießen?«

Das Leben bereitet uns oft genug Schmerzen. Aber dumm zu sein tut noch mehr weh. »Was andere dir antun, wird zu ihrem Karma, aber wie du darauf reagierst, wird zu deinem.«

Der vietnamesische Weisheitslehrer Thích Nhat Hanh wurde einmal gefragt, ob es auch im Nirwana, also nach Erreichen der Erleuchtung, noch Leid gäbe. Und er antwortete: »Natürlich. Schmerzhafte Dinge geschehen überall. Aber wenn man sich auf die Kunst versteht, damit umzugehen, kann man diesen Schmerz in Glück verwandeln.«

Die Kunst besteht darin, zu erkennen, dass wir gerade dabei sind, einen Pfeil auf uns selbst abzuschießen. Sobald wir uns dessen bewusst sind, können wir damit aufhören. Das ist die wundersame Wirkung der Achtsamkeit.

Mutter Wal

Lass den Felsen los,
an den du dich klammerst

In seinem Buch *Der Pfad ins Herz* erzählt der spirituelle Lehrer Andrew Harvey die Geschichte eines Amerikaners, der in einer Sinnkrise von New York aufbricht, um auf einer der Hawaii-Inseln mit Indigenen zu leben. Als etwa drei Monate vergangen sind, verkündet der Häuptling des Stammes, bei dem er zu Gast ist, ihm eines Tages, es sei Zeit, ihm den Wal vorzustellen. Dieser werde als einer der ihren betrachtet und verehrt. Wann immer sie ihn riefen, komme er an einen geheimen Ort an der Küste, um mit ihnen zu spielen.

»Du musst nur im Wasser auf ihn warten«, erklärte er. »Der Wal spürt deine Anwesenheit und wird zu dir kommen.«

Der Stamm nannte den Wal »die Mutter«. Der New Yorker Großstadtmensch hielt den Häuptling für ein wenig verrückt und beschloss insgeheim, anderswo sein Glück zu suchen, bevor er selbst noch wunderlich würde. Weil er den Häuptling aber mochte und ihn nicht beleidigen wollte, beschloss er, ihn vorher an diesen geheimen Ort zu begleiten.

Am festgesetzten Tag folgten alle Stammesangehörigen dem Häuptling in eine von Basaltsteinen umgebene Bucht. Es wurde viel gelacht, und alle waren ausgelassener Stimmung, und weil der Amerikaner die Leute gernhatte, machte es ihm nichts aus, sich zum Narren zu machen. Da fiel ihm ein, dass er nicht schwimmen konnte, und als er es dem Häuptling mitteilte, dachte er, dass das Spektakel damit beendet sei.

Der Häuptling aber beruhigte ihn: »Es besteht kein Grund zur Sorge. Du musst dich nur dort drüben an dem Felsvorsprung festhalten. Für alles Weitere sorgt die Mutter.«

Nervös schaute er sich die Stelle an, auf die der Häuptling mit der Aufforderung deutete, er solle nun seine Kleidung ablegen. Er brauche keine Angst zu haben. Er solle seinen Körper einfach dem Wasser überlassen.

Wie vom Häuptling angewiesen, begab er sich zögernden Schrittes zu der felsigen Stelle, zog sich aus und ließ sich ins Wasser gleiten. Er zitterte jetzt am ganzen Leib.

Er hörte, wie die Stammesmitglieder hinter ihm zu singen begannen. Und in diesem Augenblick geschah das Erstaunlichste, was er je erlebt hatte. Hätte ihm jemand davon erzählt, er hätte es nicht geglaubt.

In etwa 500 Metern Entfernung tauchte an der Wasseroberfläche der größte Wal auf, den er je gesehen hatte. Schwarz wie Ebenholz schimmerte sein glatter Rücken im Sonnenlicht. Alles, was er bis dahin für real gehalten hatte, löste sich bei diesem Anblick auf. Er, der nicht schwimmen konnte und sich ängstlich bibbernd an einen Felsen klammerte, spürte auf einmal, wie der Wal seine Angst wahrnahm und ihm Wellen reiner Energie schickte, die ihn wärmten und voller Heilkraft waren. Er konnte es nicht anders beschreiben. In keiner Sprache der Welt gab es passende Worte für das, was er erlebte. Er war sich sicher, dass der Wal wusste, dass er nicht schwimmen konnte und ihm Schwingungen schickte, auf die kein anderer Begriff als »Liebe« zu passen schienen. Sie war so ruhig, so stark und übermenschlich, diese unfassbare Energie von Liebe. Er brauchte nichts zu tun, als sie anzunehmen und darauf zu vertrauen, dass alles gut gehen würde.

Da begann der Wal, sich zu bewegen. Der Mann brauchte einen Moment, um zu begreifen, was er vorhatte. Langsam und allmählich und stets in der Horizontale bleibend, schwamm der Wal auf ihn zu, um zu verhindern, dass ihn die Wellen überspülten oder gar in die Tiefe rissen. Schließlich war er ganz nah bei ihm. Der Mann war derart überwältigt, dass er nicht wusste, was er tun sollte. Da beugte sich der Häuptling über den Felsen zu ihm herab, legte ihm die Hand auf den Kopf und sagte: »Berühre die Mutter. Na, komm! Willst du deine Mutter nicht berühren?«

So streckte er die zitternde Hand nach der glatten schwarzen Haut des Wals aus, und der drehte sich sogleich auf den Rücken, damit er ihn am Bauch streicheln konnte. Und der Mann fühlte zu ihm eine Nähe, als sei er tatsächlich das Kind und der Wal die geliebte Mutter. Nach einer Weile schließlich glitt das majestätische Tier lautlos durchs Wasser davon.

So leise vollzog sich der Abschied, dass der Mann das Gefühl hatte, losgelöst von Zeit und Raum zu sein. In der Dimension, in der er dem Wal begegnet war, der ihm sein Herz geöffnet hatte, gab es keine Zeit und keinen Abschied. Dort waren sie für immer vereint.

Der Mann spürte keinerlei Angst mehr. Durch das Wunder war alle Furcht verflogen. Als er den Bauch des Wals berührt hatte, hatte er die Liebe der ganzen Welt gespürt. Er ließ den Felsen los, an den er sich geklammert hatte, und tauchte unter. Er wusste, dass er jetzt schwimmen konnte, und war euphorisch und glücklich.

Auch wenn er Mutter Wal nie wieder begegnet ist, konnte er deutlich fühlen, dass er immer und jederzeit von ihrer Energie der Liebe umgeben war. Das Erlebnis veränderte sein ganzes Weltbild. Die Angst, wie ein Stein im Meer des Lebens zu versinken, verwandelte sich in das Vertrauen, darin schwimmen zu können. Er wusste, dass sich sein weiteres Leben von ganz allein entwickeln würde. Er musste nur den Felsen loslassen, an den er sich geklammert hatte.

Übertragungsfehler
Warum wir die Wahrheit nicht in alten Überlieferungen suchen sollten

Ein junger Novize wurde von seinem Orden in ein anderes Kloster entsandt, um den älteren Brüdern dort bei der Transkription der Heiligen Schrift behilflich zu sein. Seit Jahrhunderten war man in dessen altehrwürdigen Hallen mit nichts anderem beschäftigt, als den Text der Bibel abzuschreiben. Nachdem die erste Generation das Original übertragen hatte, transkribierte die nächste die Abschrift, und die darauf folgende die Kopie der Kopie. Klugerweise bewahrte man die Originale und jeweils eine der von den einzelnen Generationen angefertigten Abschriften auf. Die aus dem Kloster stammenden Ausgaben der Schrift trugen den Nimbus der Authentizität, wurden an andere Klöster weitergegeben und dort als Standardwerke des religiösen Lebens gebraucht. Das Transkribieren galt dementsprechend als heikle Tätigkeit, bei der einem nicht der kleinste Schreibfehler unterlaufen durfte.

Nachdem der junge Mönch zwei oder drei Monate lang beim Abschreiben geholfen hatte, begann ihn eine Frage zu quälen. Hätte jemand irgendwann auch nur ein einziges Wort falsch geschrieben, würden spätere Generationen dann nicht, ohne es zu ahnen, für alle Zeit diesen Fehler mit abschreiben? Niemand machte sich die Mühe, das aktuelle Manuskript mit dem Original zu vergleichen und auf Korrektheit zu prüfen. Man konnte es schließlich nicht jedes Mal aus dem Archiv holen. Würde ein solcher Fehler aber nicht behoben, sondern an die Nachwelt weitergegeben, wäre dies ein großes Problem. Also ging der junge Mönch zum Abt und trug ihm seine Bedenken vor.

»Wie du weißt, transkribieren wir die Heilige Schrift seit Jahrhunderten und sind Experten darin«, befand der Abt. »Es kann uns kein Fehler unterlaufen! Die Mönche unseres Klosters haben den Ruf, sich streng dem Zölibat zu unterwerfen, absolute Abstinenz zu üben und sich mit ganzer Seele dem Abschreiben zu widmen. Dennoch mögen deine Bedenken eine gewisse Berechtigung haben. Zur Sicherheit sollten wir das Original und die Abschriften doch einmal vergleichen.«

Früh am nächsten Morgen ging der Abt in den Keller, wo sich das Archiv mit dem Original befand. Die Tür war seit Jahrhunderten nicht mehr geöffnet worden.

Der Nachmittag kam, doch der Abt blieb verschwunden, und langsam wurde der junge Mönch unruhig. Der Raum war schließlich jahrelang hermetisch verschlossen gewesen. Vielleicht war dem Klostervater etwas passiert? Der Novize eilte die Treppe zum Keller hinunter und stieß die Tür auf. Da saß der Abt im trüben Licht und schlug weinend unablässig den Kopf gegen die Wand.

»Was ist mit euch?«, fragte der junge Mönch erschrocken: »Stimmt etwas nicht?«

Da schaute ihn der Abt verzweifelt an: »Im Original steht *celebrare* statt *caelibatus* – wir sollen das Leben feiern und nicht, wir sollen enthaltsam leben.«

Über die Jahrhunderte hinweg sind Menschen immer wieder in die Fußstapfen von anderen getreten und haben deren Lebensweise übernommen. Dies gilt nicht nur für Fragen von Religion und Askese. Könnte es sein, dass jemand im Laufe der Zeit aus Versehen »lieben« zu »lügen« oder die Lehre zur Leere gemacht hat? Wurde »Freude« mit »Sünde« verwechselt? Hat womöglich jemand fälschlicherweise »Glück« zu »Besitz« übertragen? Geben auch wir falsche Abschriften an künftige Generationen weiter?

Das gleiche Problem könnte sich bei der Frage danach stellen, wer wir eigentlich sind. Basiert unser Selbstbild womöglich auf einem Übertragungsfehler? Was, wenn wir dadurch Einschränkung statt Befreiung erfahren? Wir sind dazu erzogen, gesellschaftliche Konventionen zu akzeptieren, ohne sie zu hinterfragen. Was aber, wenn die Grundlage dieser Konventionen auf Fehlern basiert? Wurden unsere Traditionen etwa falsch tradiert? Könnte sich nicht ein Satz wie »Auch die Unvollkommenheit ist Teil der Perfektion« durch fehlerhafte Übertragung im Laufe von Generationen in »Die Unvollkommenheit ist das Gegenteil von Perfektion« verwandelt haben? Oder »Wir sind spirituelle Wesen, die als Menschen das Leben erfahren« in »Wir sind Menschen, die spirituelle Erfahrungen machen«?

Wenn ja, ist dann womöglich auch unser Gottbegriff von Kopierfehlern durchsetzt? Was ist mit der Definition von »Tod«? Was mit der Bedeutung von »Erlösung« und »Erkenntnis«?

Je heiliger das Original, desto größer ist die Fehlerwahrscheinlichkeit, weil niemand es wagt, die Korrektheit selbst von Kopien infrage zu stellen. Vielleicht lässt uns eine falsche Definition von »Schmerz« stärker leiden? Dass in Umberto Ecos Roman *Der Name der Rose* ausgerechnet ein Buch über die Komödie und das Lachen in einem Kloster als verboten unter Verschluss gehalten wird, spricht Bände.

Was, wenn bereits das Original voller Fehler steckt? Müssten die Religionen nicht längst zugeben, dass wir noch nie im Besitz aller Geheimnisse der Welt gewesen sind? Trotzdem glauben wir an die alten Geschichten von Menschen und Göttern – und nicht nur an sie. Wir leben auch mit den alten Erzählungen über uns selbst und akzeptieren sie, ohne sie anzuzweifeln.

Bei allem, was wir nicht selbst erfahren haben, sondern von außen kommt, ist die Wahrscheinlichkeit von Fehlern groß, egal ob es sich um uns selbst, um Gott oder das Leben handelt. Dies gilt besonders für die Listen von Verboten, die uns die Freude vorenthalten wollen, unsere eigenen Erfahrungen im Leben zu sammeln. Und es trifft für all die Erklärungen zu, die von Generation zu Generation überliefert werden. Solange wir Aussagen über das Leben nicht hinterfragen, werden wir in ihrem Netz gefangen bleiben.

Alle heiligen Schriften und philosophischen Bücher sind eine Art Reiseführer. Es gibt viele Bücher auf der Welt, die uns den Charme eines Ortes nahebringen wollen, ohne dass wir ihn selbst je besuchen. Aber was hat es für Konsequenzen, wenn wir ihn nicht wirklich bereisen? Wer wird dann die Fehler in den Reiseführern finden?

Lehren, die ein freudvolles, freies und spontanes Leben zu verhindern suchen, sind wahrscheinlich falsch überliefert. Setzen wir uns über alle Definitionen und Dogmen hinweg und leben wir ohne Angst im Augenblick, entdecken wir immer die Wahrheit. Das ist gelebte Heilige Schrift. Das Leben ist nichts Abgeschriebenes. Es ist ein Buch, das jeder für sich selbst schreibt. Wir sind Autor und Werk zugleich.

Vor dem Tod
Wie der Alltagstrott unsere Sehnsüchte und Wünsche erstickt

Mit zehn Jahren bekam ich eine schwere Nierenbeckenentzündung, sodass ich fast zwei Monate lang nicht zur Schule gehen konnte. Damit ich die vom Arzt verordnete Spritze bekommen konnte, trug mich meine Mutter alle zwei Tage auf dem Rücken in die einzige Krankenstation in unserem Dorf. Ich durfte nichts essen, was Salz enthielt, weil ich kaum Wasser lassen konnte und mein Körper sonst anfing, Flüssigkeit einzulagern. Doch nichts schien zu helfen, und so nahm ein Arzt des Zentrums meine Mutter eines Tages zur Seite und eröffnete ihr:

»Wir können nichts für Ihren Sohn tun. Selbst wenn sich eine kurzfristige Besserung einstellen sollte, machen Sie sich bitte keine allzu großen Hoffnungen.«

Weinend trug meine Mutter mich wieder nach Hause, und von da an rechnete jeder damit, dass ich über kurz oder lang in die Statistik der damals noch sehr hohen Kindersterblichkeit eingehen würde. Das Todesurteil des Arztes hing während meiner gesamten Kindheit wie ein Damoklesschwert über mir. Im Winter, in dem mir stets im unteren, wärmsten Teil des Raumes ein Schlafplatz zugewiesen wurde, beförderte ich meinen Futon eigenhändig nach oben, wohin die Wärme der Fußbodenheizung am wenigsten ausstrahlte. Ich würde ohnehin bald sterben und wollte meiner armen Familie keinesfalls zur Last fallen. Einfach still daliegen und auf den Tod warten, das war mein Plan. Meine Mutter aber gab nicht auf. Sie trug mich weiterhin zur Krankenstation und ließ mir Spritzen geben.

Der Winter verging, ohne dass sich mein Zustand besserte. Da unser Haus nach Süden ausgerichtet war, schien die Frühjahrssonne durch die papierbespannte Zimmertür. Ich schleppte mich zu ihr hinüber und schob sie auf, und wie ich auf den Hof hinausschaute, hatte ich das Gefühl, aus ihm strahle die ganze Kraft des Wiedererblühens nach der winterlichen Kälte. Dies ist mein letzter Frühling, dachte ich, und mein Herz hüpfte vor Freude. Es kostete mich sehr viel Mühe, den Weg hinüber zu dem Blumenbeet auf der anderen Hofseite zu schaffen und mir anzuschauen, was da alles spross und grünte. Die Energie der neuen Jahreszeit durchströmte meinen Körper und auch meinen Geist.

Zur großen Überraschung des Arztes war ich von diesem Tag an »auf wundersame Weise« geheilt und konnte wieder selbst zur Schule laufen. Seine Worte, wonach für mich selbst bei kurzfristiger Besserung keine Hoffnung mehr bestünde, hatten sich jedoch tief in mein Herz gegraben. Hinter jeder Ecke schien der Tod auf mich zu lauern. Das ließ mich in meiner Jugend zwar zu einem depressiven Fatalisten werden, gab mir aber gleichzeitig einen Grund, mein Leben noch intensiver zu genießen. »Lebe, als wäre dies dein letzter Tag«, war für mich mehr als eine banale Floskel.

Wenn ich Dinge von mir gab, wie »Dieses Buch wird meine letzte Übersetzung sein«, oder »Das hier ist der letzte Gedichtband, den ich schreibe«, erntete ich in meinem Umfeld jedes Mal verwunderte Blicke. Für mich aber war diese Einstellung lebenswichtig, denn ich wusste ja nicht, was am nächsten Tag passieren würde. Nicht etwa, dass ich mein Leben je allzu ernst genommen hätte oder in Selbstmitleid zerflossen wäre – in dem Wissen, dass es morgen vorbei sein kann, empfinde ich das Hier und Heute als viel kostbarer, und es macht mir viel mehr Spaß.

Mein Nierenleiden war geheilt, und ich überstand so manche andere tödliche Gefahr. Auf einer Trekkingtour im Himalaya entkam ich bei einem Lawinenunglück mit knapper Not, während über zehn Japaner und Dutzende Sherpas unrettbar unter den Schneemassen begraben wurden. Seitdem lebe ich in dem Bewusstsein, dass das mir noch verbleibende Leben eine Zugabe ist.

Ein andermal wurde ich in Nepal auf einer Bergtour von einem Lkw-Fahrer ein Stück Richtung Tal mitgenommen. Als ihn der Sekundenschlaf übermannte, schoss der Lastwagen, bevor er endlich zum Stehen kam, halb über den Rand einer Klippe, von der aus es 50 Meter in die Tiefe ging. Seither fühle ich mich, als wäre ich im Genuss eines Sonderbonus auf meine Lebenszugabe. Am Tag vor dem Erdbeben in Gujarat, dem 100 000 Menschen zum Opfer fielen, hätte ich eigentlich genau an diesem Ort ankommen sollen. Doch ich hatte mich kurzfristig umentschieden, als ich sah, wie die Leute wegen des Hindu-Festivals schon auf die Dächer der Züge kletterten, um noch einen

Platz zu ergattern. Und Minuten vor den Bombenanschlägen von Varanasi war ich ebenfalls vor Ort gewesen.

Nehme nur ich das so wahr? Das Leben ist eine einzige Aneinanderreihung von Wundern, ein beständiges Entkommen um Haares Breite, eine Rettung aus höchster Gefahr durch das Eingreifen einer göttlichen Hand.

Der große Schriftsteller Dostojewski war derart schockiert, als sein Vater von Bauern grausam ermordet wurde, dass er ab seinem 16. Lebensjahr an Epilepsie litt. Mit 28 Jahren wurde er wegen Mitgliedschaft in einer revolutionären Bewegung verhaftet und zum Tode verurteilt. Nach langer Einzelhaft brachte man ihn eines Tages mit 23 anderen Delinquenten zum Paradeplatz in Sankt Peterburg. Die Verurteilten wurden in Dreiergruppen eingeteilt und an die in den Boden eingelassenen Pfosten gebunden.

Buchstäblich in letzter Minute, die Schützen hatten die Finger schon am Abzug, kam ein Soldat herbeigerannt und rief: »Stoppt die Hinrichtung!« Die Todgeweihten waren durch einen Sondererlass des Zaren begnadigt worden. Dostojewski hatte in den Abgrund geblickt und war im letzten Augenblick gerettet worden. Ein Freund, der neben ihm angebunden war, wurde ob der Erfahrung verrückt, und auch Dostojewski sollte zeitlebens nie den Moment vergessen, in dem er dem Tod ins Auge blickte. Er beschloss damals, sich für den Rest seines Lebens der Literatur zu widmen und das auszudrücken, »was die Toten bereits erkannt haben«. Und er schreibt: »Wenn ich auf die Vergangenheit zurückblicke, denke ich, wie viel Zeit ich verschwendet habe. Das Leben ist ein Geschenk. Jeder Moment kann ein segensreicher Moment sein. Meine alten Gedanken verabschiedeten sich, doch mein Herz blieb bei mir. Ich habe noch Fleisch und Blut, um zu lieben, mich zu quälen, mich zu sehnen und mich zu erinnern.«

Als Dostojewski nach vierjährigem Exil nach Russland zurückkehrte, schuf er unsterbliche Meisterwerke wie *Aufzeichnungen aus einem Totenhaus*, *Aufzeichnungen aus dem Kellerloch*, *Die Brüder Karamasow* und *Schuld und Sühne*.

Das Leben wird kostbarer, wenn uns die Endlichkeit der uns verbliebenen Tage bewusst ist. Wenn wir wissen, dass wir der Glückliche sind, der mit knapper Not dem Tod entkam, werden wir keine Zeit mit Belanglosigkeiten verschwenden und jeden zusätzlichen Tag als Geschenk empfinden. Wir empfangen den neuen Morgen mit mehr Inbrunst und lieben ihn intensiver. Was wir im Rückblick am meisten bedauern werden, ist nicht jeden Augenblick bewusst erlebt zu haben, was uns konsequenterweise zu dem Entschluss führen sollte, ab sofort jeden Moment unseres Lebens zu würdigen.

Im Interview mit einer französischen Tageszeitung wurde der Schriftsteller Marcel Proust gefragt, wie sich die Menschen wohl verhalten würden, wenn sie wüssten, dass eine Katastrophe unmittelbar bevorstünde:

»Sobald uns der Tod droht, erscheint uns das Leben mit einem Mal großartig. Man denke nur an all die Pläne und Reisen, an die Liebe und das Wissen, das das Leben im Verborgenen für uns bereithält. Und dass wir all diese Dinge aufgrund unserer Trägheit ständig in die Zukunft verschieben. Aber wenn sie für immer unerreichbar zu werden drohen, erscheinen sie uns wieder schön. Oh, wenn die Katastrophe mich jetzt verschont, werde ich vieles tun! Ich werde keine Gelegenheit auslassen, Galerien zu besuchen, leidenschaftliche Stunden mit meiner Geliebten zu erleben und nach Indien zu reisen. Aber es kommt nicht zur Katastrophe, und so tun wir nichts von alledem. Früher oder später gehen wir wieder zum Alltag über, wo die Trägheit alles Sehnen aufs Abstellgleis schiebt. Dabei muss es nicht wirklich zu einer Katastrophe kommen, um das Leben hier und jetzt zu lieben. Wir brauchen uns bloß klarzumachen, dass es endlich ist und der Tod uns heute Nacht ereilen könnte.«

Häuptling Tu-nicht-gut
Die indianische Art, sich eines unliebsamen Anführers zu entledigen

Bei den indigenen Völkern Nordamerikas ist es üblich, Menschen nach bestimmten Begebenheiten oder besonderen Eigenschaften zu benennen. Beschließen zum Beispiel alle, irgendwo hinzugehen, nur einer will nicht mit, nennt man ihn Der-nicht-gehen-will. Wer als Erster während eines Regenschauers ins Dorf kam, heißt Tropfen-im-Gesicht, und ein Kind, das einen heranstürmenden Büffel bei den Ohren packte und ihn zu Boden zog, sodass es ihn in eine Pfütze setzte, verdient sich den Namen Sitzender Bulle. Namen wie Weiß-nicht-wohin, Ding-das-noch-nicht-fertig-ist oder Du-kommst-gerade-recht sind auf ähnliche Weise entstanden. Wie es in der Natur der Sache liegt, werden Namen häufiger von anderen verwendet als vom Träger selbst, und so wirkt diese Art der Namensfindung wie ein Spiegel, die es dem Betreffenden erlaubt, sich mit den Augen der anderen zu sehen.

Der Medizinmann Sonniger Bär vom Stamm der Chippewa erklärt anhand von Namen, was es bedeutet, Häuptling eines Stammes zu sein. Es handelt sich um ein Amt, das nach indianischer Tradition meist nicht vererbt, sondern in das ein Mitglied mit Zustimmung des ganzen Stammes hineingewählt wird. Es ist üblich, dass der Häuptling bei Versammlungen mit den anderen Stammesangehörigen im Kreis zusammensitzt und alle gemeinsam die anstehenden Angelegenheiten auf Augenhöhe besprechen. Das gewählte Oberhaupt ist dem Stammeswillen unterworfen und muss diesen respektieren, wenn er seine Position behalten will.

Wenn ein Häuptling wichtige Entscheidungen willkürlich trifft, eine Anweisung gegen die Interessen des Stammes gibt oder Vereinbarungen mit einem anderen Stamm schließt, die nicht den Absichten der Stammesmitglieder entsprechen, bauen seine Leute nachts ihre Tipis ab, ziehen an einen anderen Ort und lassen ihn allein zurück. Wenn er am nächsten Morgen aufwacht, ist keiner mehr da. Man braucht also keine vier oder fünf Jahre zu warten, um einen Häuptling loszuwerden, wie es in der Welt des weißen Mannes üblich ist.

Es war einmal ein Häuptling namens Der-nicht-kapiert-egal-was-man-sagt. Eines Morgens wachte er mit einem eigenartigen Gefühl auf. Der Sonnenstand passte zwar zum Gesang der Vögel, die sein blaues Tipi umschwirrten, aber im übrigen Lager herrschte ungewöhnliche Stille. Er trat vors Zelt und rief nach Immer-gehorsam, seinem treuen Untergebenen. Der aber antwortete nicht, denn er hatte sich in der Früh ebenso über die seltsame Stille gewundert und war gerade dabei, den verwaisten Lagerplatz zu inspizieren. In diesem Moment kam Tut-wie-ihm-geheißen, der Stellvertreter des Häuptlings, außer Atem angerannt. Schwer schluckend berichtete er, dass sich der ganze Stamm über Nacht aus dem Staub gemacht habe.

Nun war es so, dass der Häuptling kurz zuvor die Friedenspfeife mit dem Stamm Noch-nie-etwas-von-Ehrlichkeit-gehört auf der anderen Seite des Flusses geraucht hatte, obwohl dessen Söhne den Töchtern seines Stammes Gewalt angetan hatten. Zu allem Übel hatten sie auch noch behauptet, die Mädchen seien aus freien Stücken gekommen. Ungeachtet dieses Zwischenfalls hatte der Häuptling mit diesen Männern einen Pakt geschlossen, ohne die geschändeten Frauen davon in Kenntnis zu setzen, und als Gegenleistung dafür einen Sack Kein-Gold-aber-glitzert erhalten. Das Vertrauen, das sein Stamm einst in ihn gesetzt hatte, war daraufhin so schnell geschmolzen wie das Wachs einer brennenden Kerze.

Nun trug der Häuptling nicht zu Unrecht den Beinamen Der-nichts-allein-tut, denn im Hintergrund zog ein übel meinender Medizinmann namens Alles-für-mich die Fäden. Dieser raffte alles an sich, was dem Stamm gehörte, und ließ, unterstützt von treuen Anhängern und dem Häuptling als Strohmann, alle anderen nach seiner Pfeife tanzen. Dies widersprach aber der dritten Regel des althergebrachten indianischen Moralkodex:

»Finde alles selbst heraus. Lass deinen Weg nicht von anderen bestimmen. Es ist dein Weg, und du musst ihn allein gehen. Andere können denselben Weg nehmen, aber niemand kann ihn für dich gehen.«

Ein weiteres Problem des Häuptlings war, dass er nicht

zwischen dem unterscheiden konnte, was ihm selbst und was der Allgemeinheit gehörte, da auch sein Vater lange Zeit Häuptling gewesen war und er den Sohn in diesem Sinne erzogen hatte. Dies verstieß gegen die fünfte Regel des Moralkodex:

»Ob im Besitz eines Einzelnen oder der Gemeinschaft, ob von der Natur oder von Menschenhand geschaffen – strebe nie danach zu haben, was nicht dein ist. Es gehört dir nicht, es sei denn, du hättest es aus eigener Kraft erlangt oder es wurde dir gewährt.«

Irgendwann war es so weit, und es kam, wie es kommen musste: Der Stamm zog weiter, und Häuptling Der-nicht-ka-piert-egal-was-man-sagt verbrachte die nächsten 100 Jahre in Einsamkeit.

Siehst du die Sterne?

Komm mir nicht mit der ganzen Wahrheit

Im tibetischen Buddhismus gibt es eine Übung namens Dzogchen – »die große Vollkommenheit«. Es handelt sich dabei um eine Art tibetische Zen-Meditation, bei der es im Wesentlichen darum geht, den Geist wachzuhalten, egal was passiert. Der Geist ist bereits von Natur aus vollkommen. Dies gilt es zu erkennen und im Bewusstsein zu halten. So wie sich weiße und dunkle Wolken am Himmel irgendwann im blauen Firmament verlieren, entstehen Gedanken und bleiben eine Weile, bevor sie sich in der absoluten Wahrheit des Geistes auflösen. Diese Beobachtung führt zu der Erkenntnis, dass es eine höhere Bewusstseinsebene gibt als die, auf der wir uns gerade bewegen. Ob im Sitzen, Liegen oder Gehen, dies sollten wir stets im Gewahrsein halten.

Während seines Noviziats wich Nyosul Longtok, der einmal Großmeister der Tradition werden sollte, seinem Lehrer Patrul Rinpoche keinen Tag von der Seite und übte viele Jahre unter seiner Anleitung, ohne das Wesen von Dzogchen zu begreifen. In einer stillen Nacht führte ihn der Lehrer auf einen Hügel. Dort angekommen, legte er sich auf den Boden und hieß seinen Schüler, es ihm gleichzutun.

Der Meister fragte Nyosul: »Du sagst, dass du die Essenz deines Herzens nicht kennst?«

Als Nyosul dies bejahte, fuhr der Lehrer fort: »Kannst du die funkelnden Sterne am Himmel sehen?«

»Ja, ich kann sie sehen«, sagte Nyosul.

»Kannst du die Dorfhunde bellen hören?«

»Ja, ich kann sie hören.«

Schließlich sagte der Meister. »Das ist es. Nur das ist es.«

In diesem Augenblick hob sich der Schleier des Nicht-Verstehens, und Nyosul erkannte die wahre Lehre.

Eine andere Anekdote berichtet von einem Dzogchen-Mönch, dem ungeachtet seiner bescheidenen Herkunft viele Schüler folgten, was den Neid eines Gelehrten erregte, der stolz auf sein eigenes Wissen war. »Wie könnte ein derart gewöhnlicher Mensch, der keine Bücher liest, andere etwas lehren? Ich muss sein Wissen auf die Probe stellen. Ich werde beweisen, dass er ein Scharlatan ist, und ihn vor seinen Schülern bloßstellen. Dann werden sie ihm den Rücken kehren und zu mir kommen«, überlegte er.

Er begab sich also zu dem Mönch und fragte mit höhnischer Stimme: »Ihr meditiert? Und sonst tut ihr nichts?«

Die Antwort des Mönchs überraschte ihn: »Gibt es etwas, über das man meditieren müsste?«

Der Gelehrte rief siegesgewiss. »Wie bitte? Ihr strebt also nicht einmal danach, wach zu werden?«

Daraufhin erwiderte der Mönch: »Wann wäre ich es jemals nicht gewesen?«

Obwohl ich solche Geschichten kannte, verstand ich Dzogchen nicht wirklich. Also ging ich in Begleitung eines nepalesischen Freundes zu einem tibetischen Tempel in der Nähe von Kathmandu, um den dortigen Rinpoche zu treffen. Als ich ihm mein Anliegen vortrug, begrüßte er mich herzlich und bot mir Buttertee und Kekse an. Als er seinen Tee getrunken hatte, eröffnete er mir, dass Dzogchen schwierig und tiefgründig sei und man es unmöglich in wenigen Worten erklären könne, weshalb ich mindestens zehn Tage bleiben müsse. Zehn Tage seien kein Problem, sagte ich. Da änderte er schnell seine Meinung und befand, zehn Tage seien zu knapp bemessen. Ein Monat sei nötig.

Als ich mich bereit erklärte, auch einen Monat zu bleiben, war er überrascht und korrigierte sich erneut: Wenn er ehrlich sei, dauere es mindestens drei Monate, um allein die Grundlagen von Dzogchen zu lernen, und ein Jahr werde nicht ausreichen, um es richtig zu beherrschen.

Der Meister schien alles daranzusetzen, diesen langhaarigen, ausländischen Hippie-Typen loszuwerden, doch so leicht sollte er mir nicht davonkommen. Ich versicherte ihm, dass ich meinen Aufenthalt ohne Weiteres auf ein gutes Jahr ausdehnen könne. Da schüttelte er den Kopf und verlängerte den Zeitraum erst auf drei und schließlich auf fünf Jahre. Meinem nepalesischen Freund, der mich bei dem Besuch begleitete, schien die Sache langsam peinlich zu werden.

Mit erhobenem Zeigefinger verkündete ich mit fester Stimme, dass ich bei ihm, dem Rinpoche, Dzogchen lernen wolle, und wenn ich für den Rest meines Lebens bleiben müsse. Der gute Mann, der etwas erhöht auf einem Podest saß, wurde daraufhin sehr verlegen, strich sich über die Stirn, beugte sich zu mir herab und gestand, er wisse eigentlich nicht viel über Dzogchen. Ich solle mich lieber an einen anderen Rinpoche wenden, um es zu erlernen. Und so verließ ich den Tempel ebenso schlau, wie ich gekommen war.

Das ist nun über zehn Jahre her. Ich begreife Dzogchen immer noch nicht wirklich, versuche aber nach wie vor, es zu ergründen und in allem, was ich tue, uneingeschränkte Achtsamkeit zu üben. Der Rinpoche hätte mir Dzogchen durchaus erklären können. Es wäre ihm als tibetischem Meditationslehrer sicher nicht allzu schwergefallen. Hätte er es aber damals getan, hätte ich seinen Tempel in der Überzeugung verlassen, Dzogchen verstanden zu haben. Und ich hätte mein Verständnis davon an andere weitergegeben. Im Kopf hätte ich anderes Wissen damit verknüpft, und mein Ego wäre dabei ständig gewachsen. Mein von Natur aus vollkommener Geist aber wäre von diesem Scheinwissen überschattet worden, und ich hätte mich zusehends weiter von der wahren Bedeutung von Dzogchen entfernt.

Stattdessen verstärkte der Rinpoche die Frage, die mich umtrieb, und ließ mich selbst nach Antworten forschen. Wenn man einem Suchenden hilft, die Zeit des Strebens zu verkürzen, indem man ihm eine schnelle Lösung präsentiert, bringt man ihn um die Gelegenheit, eigene Erfahrungen zu sammeln; und noch dazu um die Freude, die Wahrheit Schritt für Schritt selbst zu erkennen, weil man sich die Zeit dazu nimmt. Wenn ein Vogel schlüpft, zerbricht er die Schale aus eigener Kraft. Angeblich lernt ein Vogel, dem man aus dem Ei hilft, weniger schnell das Fliegen und bleibt in seiner Entwicklung zurück, weil er zu schwach ist. Er hat einen entscheidenden Entwicklungsschritt übersprungen, und so fehlt ihm die Kraft in den Beinen, um sich richtig vom Boden abzustoßen.

Eine Wunde heilt nicht schneller, wenn man sich Theorien über den Heilungsverlauf anhört. Es braucht vielmehr Zeit, bis neue Haut gewachsen ist und die Narbe sich schließt. Je intensiver man sich mit einer Frage auseinandersetzt, desto weiter öffnet sich die Tür, hinter der die Antworten liegen. Nur wer ein Problem durchlebt, findet eine Lösung. Es dauerte 18 Jahre, bis Nyosul den Satz von Meister Patrul hörte: »Siehst du die Sterne?« Nach meiner ersten Begegnung fuhr ich mehrmals nach Nepal, um den Rinpoche zu besuchen, aber er bot mir jedes Mal nur Tee und Kekse an und lächelte freundlich.

Der französische Philosoph Gilles Deleuze schrieb, dass wir nichts von einem anderen lernen können, der uns rät: »Mach es wie ich!« Nur derjenige tauge uns als Mentor, der sage: »Lass es uns gemeinsam tun.« Genauso machen es die Lehrer, die mir wichtig sind. Sie versuchen nicht, mich mit tiefgründigem Wissen und logischen Erklärungen zu belehren, sondern helfen mir im Verborgenen, meinen wahren Charakter zu entdecken und kraft meines eigenen Willens echte Freiheit zu erlangen.

Es gibt auf Erden Tausende, die uns die Welt des Geistes, das Leben und die Wahrheit erklären. Sie liefern Antworten, als wären sie Ärzte, die für jede Krankheit ein Heilmittel kennen. Ihre standardmäßigen Erklärungen sind jedoch zuweilen schädlich wie ein Gift, denn statt uns dem Verstehen näherzubringen, impfen sie uns fixe Ideen ein. Weise Menschen raten uns, nicht denen zu folgen, die behaupten, die Wahrheit gefunden zu haben, sondern denen, die nach der Wahrheit suchen.

Olav H. Hauge, einer der drei führenden modernen Lyriker Norwegens, hat folgendes Gedicht geschrieben.

Komm nicht mit der ganzen Wahrheit,
komm nicht mit dem Meer für meinen Durst,
komm nicht mit dem Himmel, wenn ich um Licht bitte,
aber komm mit dem Tau, dem Schimmer, der Flocke,
so wie die Vögel Wassertropfen vom Bad mit sich tragen
und der Wind ein Salzkorn.

Wenn Sie auf der Suche nach der Wahrheit sind, folgen Sie niemandem, der vorgibt, alle Antworten zu kennen. Denn was er Ihnen sagt, führt Sie zu seinem Ziel, nicht zu Ihrem. Vertrauen Sie keinem, der Ihnen das Meer verspricht, um Ihren Durst zu stillen, denn das Meer stillt den Durst nicht. Brächte Ihnen einer auf der Suche nach dem Licht den Himmel, würden Sie erblinden.

Warum aber gibt es so viele Leute auf der Welt, die vorgeben, sämtliche Wahrheiten zu kennen? So viele, die behaupten, sie könnten uns das Meer und den Himmel zu Füßen legen. Es liegt daran, dass wir uns solche Leitfiguren wünschen; dass wir geneigt sind, uns ihrer Sicht der Dinge anzuschließen, und viel zu schnell die Geduld verlieren, nach den unscheinbaren Wegemarken auszuschauen, die uns, wenn wir auf sie vertrauen, unseren eigenen Weg weisen; dass wir uns davor fürchten, uns der Unsicherheit zu stellen. Nur weil jemand eine Tür an die Wand gemalt hat, ist da noch lange kein Durchgang. Es ist bloß unser Wunschdenken, das uns suggeriert, dass dort einer sei. Eine Tür kann nur entstehen, wenn wir selbst die Wand durchbrechen.

Von der Lyrikerin Mary Oliver dazu die folgenden Zeilen:

Immerzu lass mich Abstand halten
zu jenen, die meinen, im Besitz der Antworten zu sein.
Immerzu lass mich verweilen in Gesellschaft jener,
die staunend lachen und rufen »Schau!«
und in Ehrerbietung den Kopf neigen.

Verletzen und verletzt werden

Liebet einander, quälet euch nicht!

Wer mich verletzt, dem zahle ich es mit gleicher Münze heim! Doch wer anderen wehtut, schadet sich am Ende selbst. Meine tiefsten Wunden fügen mir nicht andere zu. Ich mache es selbst, wann immer ich anderen ein Leid antue.

Eine Landsfrau von mir reiste allein durch Indien und geriet mehrfach mit Einheimischen in Streit. Dabei ging es hauptsächlich um Geld, den Preis für eine Rikschafahrt oder darum, wie viel eine Ware kosten dürfe. Sie ging immer davon aus, dass die Leute sie zu übervorteilen versuchten, und wenn sie miteinander auf Hindi sprachen, unterstellte sie ihnen, sie zu verspotten. Eines Tages beschloss sie darum, selbst Hindi zu lernen, und zwar insbesondere Schimpfwörter.

Zunächst wandte sie sich an einen jungen Einheimischen aus ihrem Bekanntenkreis mit der Bitte, sie auf Hindi fluchen zu lehren. Als dieser verständlicherweise ablehnte, war das für sie kein Grund aufzugeben. Sie eignete sich einfach ohne seine Hilfe mühsam verschiedene Schimpfwörter in diversen Dialekten an.

Bald verstand sie die gängigsten indischen Beschimpfungen, und so war Ärger programmiert. Wann immer sie meinte, aus den Gesprächen der Einheimischen ein Schimpfwort herauszuhören, bezog sie es auf sich und ließ es nicht auf sich sitzen. Da sie nun ebenfalls über ein Repertoire an Kraftausdrücken verfügte, überschüttete sie die Leute zu deren Verblüffung ihrerseits mit einer Schmutzflut an Worten. Etliche Male rief jemand die Polizei. Da die Gesetzeshüter aber ausnahmslos für sie als Ausländerin Partei ergriffen, wurde sie immer dreister. Sie war überzeugt, mit ihrem neu gewonnenen Vokabular ihre Position gestärkt zu haben und bei den Einheimischen nun mehr Achtung zu genießen.

Tatsächlich aber gingen ihr alle aus dem Weg. Wenn sie ein Restaurant betrat, wimmelte der Besitzer sie mit der Ausrede ab, ihm seien die Zutaten ausgegangen. Der Besitzer einer Boutique, dem sie schon einmal die Leviten gelesen hatte, weil er nach ihrer Meinung zehn Rupien mehr als üblich für eine Pluderhose verlangt hatte, gab vor, den Laden gerade schließen zu wollen. Ob Jugendliche in den Gassen oder spielende Kinder – alle wurden plötzlich still, wenn sie um die Ecke kam.

Am Ende hatte sie nichts von ihrer Reise. Ich sah sie mehrfach im Freien vor einem Teehaus sitzen, allein, denn auch andere Reisende mieden sie. Ich verstehe nicht, warum sie unter all den vielen Wörtern, die es im Hindi gibt, ausgerechnet als Erstes vulgäre Kraftausdrücke lernte. Hätte sie positive Wendungen wie »Ab Baht Sundar He« (Sie sind so schön), »Ham Azkus He« (Ich bin heute glücklich) oder »Abi Shital Ha« und

»Chal Lahi He« (Der Wind ist jetzt kühl) gelernt, wäre sie viel seltener mit anderen aneinandergeraten, und ihre Reise wäre schöner, glücklicher und erquicklicher verlaufen.

Die Frau selbst war es also, die am meisten unter ihren Schimpfwörtern litt. Seltsamerweise bedeutete das nicht, dass sie Indien nicht mochte. Als wir uns kennenlernten, sagte sie mir, dies sei ihre dritte Reise in das Land. Sie verletzte andere und sich selbst mit Worten des Hasses, obwohl sie Indien liebte. Sie hatte das Gefühl, die Einheimischen hätten es auf sie abgesehen, und zahlte ihnen die vermeintlichen Schmähungen mit gleicher Münze heim. Was sie damit erreichte, war aber nur, sich selbst verletzt und einsam zu fühlen.

Therapieren wir andere lieber, statt sie zu terrorisieren. Heilen wir sie, statt sie anzugreifen. Angriff und Heilung sind beides Resonanzphänomene. Die Energie, die wir aussenden, kommt in gleicher Form zu uns zurück.

Der Dichter Rumi formuliert es so:

»Die Welt ist wie ein Berg, und alles, was man je von ihr zurückbekommt, ist der Widerhall der eigenen Stimme.« Wir können nicht behaupten: »Ich habe schön gesungen, aber der Berg hat schief zurückgesungen.« So funktioniert das Leben nicht.

Das Leben ist ein Buch, in dem unsere Seelen unsere Geschichte lesen. Wir wissen nicht, was im nächsten Kapitel steht, bevor wir zur nächsten Seite umblättern. Wir wissen nur, dass Bücher oft ein Happy End haben, eine Geschichte, die düster beginnt, nicht unbedingt auch so enden muss. Das Leid vergeht, das Schöne bleibt.

Mönch und Skorpion

Von der Natur der Lebewesen

Ein Mönch ging zum Fluss, um zu baden. Gerade hatte er sich ausgezogen und wollte in die kühlen Fluten tauchen, als er einen kleinen Skorpion entdeckte, der ins Wasser gefallen war. Skorpione können nicht schwimmen, und so war es offensichtlich, dass er ertrinken würde, wenn man ihn sich selbst überließe. Der Mönch empfand Mitgefühl mit dem kleinen Tier, das mit seinen winzigen Gliedmaßen um sein Leben ruderte, und fischte es mit der Hand heraus, um es an Land zu setzen.

Der Skorpion aber, kaum dass er vor dem Ertrinken gerettet war, schlug dem Mönch den Stachel in die Hand. Vor Schmerz schrie er laut auf und zuckte mit der Hand zurück, sodass der Skorpion zurück ins Wasser fiel.

Als der Mönch den Skorpion wieder so hilflos zappeln sah, überkam ihn erneut das Mitgefühl, und er erbarmte sich des giftigen Insekts ein zweites Mal. Er hatte noch nicht das Ufer erreicht, da stach der Skorpion abermals zu. Nun hatte der Retter das doppelte Gift im Arm. Der Schmerz ließ ihn wieder zusammenzucken, und der Skorpion fiel ihm erneut aus der Hand.

Doch auch diesmal gab der Mönch nicht auf und fischte ihn wieder heraus.

Da rief ein Mann, der das Ganze vom Ufer aus beobachtet hatte: »Lassen Sie den Skorpion los! Er wird Sie wieder stechen. Überlassen Sie ihn seinem Schicksal. Es macht keinen Sinn, einem giftigen Insekt Barmherzigkeit zu erweisen. Das Tier ändert sich nicht!«

Der Mönch ignorierte den Rat und strebte mit dem Skorpion in der Hand dem Ufer zu. Zum dritten Mal schlug ihm das Insekt seinen giftigen Stachel in die Haut. Diesmal stach ihm der Schmerz bis in die Brust und nahm ihm den Atem. Er stolperte, doch noch im Fallen gelang es ihm, seinen Peiniger an Land zu befördern. Der Mann, der alles mit angesehen hatte, eilte herbei und zog den Mönch aus dem Wasser. Der schaute lächelnd zu, wie sich der Skorpion im Sand verkroch, ohne sich noch einmal umzusehen.

Der Helfer traute seinen Augen nicht. »Wie können Sie da lächeln?«, fragte er entsetzt. »Das Tier hätte Sie um ein Haar getötet. Es würde sie jederzeit wieder stechen. Warum haben Sie ihm bis zuletzt geholfen?«

»Sie haben recht«, gab der Mönch zurück. »Er würde weitermachen wie bisher, aber nicht aus Böswilligkeit. So wie es das Wesen des Wassers ist, nass zu machen, liegt es in der Natur des Skorpions, zu stechen. Das Tier folgte lediglich seinem Instinkt. Es konnte nicht verstehen, dass ich versuchte, es an einen sicheren Ort zu bringen. Diese Bewusstseinsstufe zu erreichen ist ihm nicht in die Natur gelegt. Sich mit dem Stachel zu verteidigen hingegen schon. Ebenso wie es in der Natur eines Meditierenden liegt, Leben zu retten, das sich in Gefahr befindet. Der Skorpion blieb seinem Wesen treu und ich dem meinen. Nichts von alledem war falsch. Der Skorpion handelte nicht gegen seine Bestimmung, aus welchem Grund also hätte ich es tun sollen? Darum habe ich gelächelt: weil wir beide, der Skorpion und ich, nicht aus unserer Haut herauskönnen.«

Skorpione, Bienen, Blumen, Vögel … alle leben so, wie es ihrer Veranlagung entspricht. Von Natur aus stechen sie, schützen sich, verbreiten ihren Samen oder bauen Nester. Die Verhaltensweisen, die die Natur hervorbringt, sind in sich vollkommen und sollten nicht als Problem betrachtet werden.

Das gilt auch für uns Menschen, doch wir können das, was die Natur in ihrer Vollkommenheit geschaffen hat, ein wenig »erhöhen«, und uns von den Niederungen des Instinkts, der Nahrungsbeschaffung, Besitzvermehrung und Selbstverteidigung auf die Ebene der Hilfsbereitschaft, des Altruismus und des ethischen Handelns begeben. Uns ist es möglich, Mitgefühl zu empfinden, uns in Geduld zu üben und Toleranz zu zeigen. Dies zu tun ist nicht schwer, denn all diese positiven Eigenschaften sind in uns Menschen bereits angelegt.

Welcher Ebene geben wir Raum? Der niederen oder der höheren? In uns wohnen ein Skorpion, ein Mönch und ein unbeteiligter Dritter. Es liegt an uns, welchen Aspekt unserer Natur wir zum Zuge kommen lassen, denn in unseren menschlichen Genen ist alles angelegt – Empathie und Gewalt, Liebe und Hass, Selbstsucht und Altruismus, Ignoranz und Respekt. Wir können andere mit dem Skorpionstachel in unserem Herzen verletzen oder durch Meditation lernen, in uns selbst zu ruhen und Toleranz zu üben.

Diese Entscheidung bestimmt unseren Charakter und ist unabhängig davon, was ein anderer uns antut. Folgen wir unseren niederen Instinkten, werden wir immer wieder mit der unteren Ebene unseres Selbst konfrontiert. Begeben wir uns auf die höhere Ebene, kann sich unser Selbst auch dort entfalten.

Nach den Terroranschlägen vom 11. September in New York hörte man oft die folgende kleine Geschichte, die man sich bei den Cherokees erzählt: Ein alter Krieger spricht mit seinem Enkel über das Leben und erklärt ihm, welche Kämpfe der Mensch in seinem Herzen ausficht.

»Zwei Wölfe kämpfen in jedem von uns. Einer ist böse. Er ist erfüllt von Wut, Eifersucht und Gier. Auch Arroganz, Lüge und Überheblichkeit gehören zu seinen Eigenschaften. Der andere ist gut. Sein Wesen ist von Freundlichkeit, Demut und Empathie ebenso geprägt wie von Freude, Frieden und Liebe.«

Der Enkel, der aufmerksam zugehört hat, fragt: »Und welcher Wolf wird gewinnen?«

Und der alte Cherokee antwortet: »Der, den du fütterst.«

Kleine Geste
mit großer Wirkung
Warum wir die Liebe nicht vergessen

Ich verbrachte einmal ungefähr einen Monat in einem Gästehaus in Varanasi am Ganges. Morgens war mein Zimmer von dem Rot der aufgehenden Sonne erfüllt, und wenn ich auf der hoch gelegenen Veranda saß, lag mir der ganze Fluss zu Füßen. Vor dem Hintergrund des gelben Rapsfeldes am anderen Ufer turnte oft ein schwarzer Affe um das Geländer herum, wohl um nach Bananen Ausschau zu halten, die er stehlen könnte. Zwei oder drei Häuser weiter stand ein von einer Japanerin namens Gumiko geführtes Gästehaus, an dessen grauer Wand eine rosafarbene Bougainvillea gemeinsam mit ihrer Besitzerin alterte.

In flussaufwärts gelegenen Provinzen gab es unter Pilgern den Brauch, lange Bambusruten zu kaufen und in den Fluss zu werfen, um Vögeln eine Landemöglichkeit im Wasser zu geben. Überall trieb dieses Grün nun in den träge strömenden Fluten, und darüber spannten sich allerorten weiße Flügel – ein Bild, das davon zeugte, dass der Winter vergangen und selbst im fernen Himalaya der Frühling Einzug gehalten hatte.

In einem alten Haus neben Gumikos Pension wohnten mehrere Mieter, darunter die kleine Priya, was in Indien ein häufig anzutreffender Name ist, der »schönes Mädchen« bedeutet. Sie war zwar schon zehn, aber so schmächtig und mager, dass sie gut zwei Jahre jünger wirkte. Im Gegensatz zu den anderen Kindern, die am Fluss spielten, war Priya schüchtern, und ihre Augen waren tief umschattet. Irgendwie freundeten wir uns an, und so saß sie oft neben mir auf der Treppe am Fluss, wo wir zusammen Erdnüsse aßen oder Kekse an streunende Hunde verteilten.

Priyas Haar war immer zerzaust, und so nahm ich sie eines Tages mit ins Gästehaus, um es ihr zu waschen – richtig mit Shampoo. Einen Föhn brauchten wir nicht, die Zeit des Frühlingsfestes war beinah vorbei, und in der heißen Sonne waren sie im Nu getrocknet.

Bald wurde daraus ein Ritual. Alle zwei oder drei Tage wusch ich ihr den Kopf, und während ihre Haare trockneten, aßen wir gemeinsam Erdnüsse oder von den Snacks mit Soßen, die die Straßenhändler zum Kauf anboten. Als das Shampoo zur Neige ging, gingen wir zum alten Markt, um neues zu kaufen, und ich erstand dem Mädchen, das ich nie anders als barfuß gesehen hatte, auch ein Paar Sandalen. Wie ich später erfuhr, glaubte niemand, dass Priya, das Nesthäkchen der Familie, lange leben würde, denn sie war von Geburt an schwach gewesen. Es sei ein Wunder, dass sie überhaupt ihr zehntes Lebensjahr erreicht hätte. Dennoch konnte niemand leugnen, dass das Haar des Mädchens allmählich zu glänzen begann.

Nach dem Holi-Fest, dem Höhepunkt der Frühlingsfeierlichkeiten, bei dem sich die Leute gegenseitig mit buntem Farbpulver bewerfen, ging ich aus Varanasi fort, nachdem ich ein letztes

Mal Priyas mit roten und blauen Pigmenten verfärbtes Haar gewaschen hatte.

Ich kehrte danach noch mehrmals zurück, aber die Haare wusch ich ihr nie mehr. Warum, kann ich nicht genau sagen. War es die Befürchtung, dass es das Misstrauen der Leute erregen könnte, wenn ich als alleinstehender Mann das heranwachsende Mädchen mit in mein Zimmer nehmen würde? Oder lag es daran, dass sich Priyas Gesundheitszustand so gut entwickelt hatte, dass sie sich selbst die Haare waschen konnte? Das Leben mag eine endlose Wiederholung des ewig Gleichen sein, aber manches ändert sich doch. Dennoch fragte ich mich manchmal, ob ihre älteren Schwestern, die mit einer üppigeren Haarpracht gesegnet waren, ihr womöglich das Shampoo weggenommen hatten, das ich ihr aus Korea mitgebracht hatte.

Die Jahre vergingen wie im Flug, und Priya stand mit einem Mal kurz vor dem Uni-Abschluss. Während eines Essens, zu dem ich von ihrer Familie eingeladen worden war, bemerkte die zwei Jahre ältere Schwester:

»Jedes Mal, wenn Priya sich die Haare wäscht, erzählt sie, wie Sie ihr als Kind die Haare gewaschen haben. Fast täglich kommt sie darauf zu sprechen.«

Priya errötete, und auch ich war ein wenig verlegen, denn ich hatte es so gut wie vergessen. Ich sah auf einmal wieder das magere Mädchen mit den dunklen Augenschatten – und nun saß mir eine gesunde junge Frau mit langem, zum Zopf geflochtenen, schwarzen Haar gegenüber – eine Priya, die nun selbst ohne Weiteres einem anderen die Haare waschen könnte.

Wir sind schüchtern und unsicher, bis uns die Liebe eines anderen Selbstvertrauen schenkt. Paul Auster schreibt in seinem Roman *Mond über Manhattan*:

»Ich bin vom Rand einer Klippe gesprungen, aber im letzten Augenblick hat etwas die Arme ausgebreitet und mich in der Luft aufgefangen. Ich glaube, es war die Liebe. Die Liebe ist das Einzige, was einen Sturz aufhalten kann, denn sie ist stark genug, um das Gesetz der Schwerkraft aufzuheben.«

Wir sagen, wir würden lieben, tatsächlich aber leben wir die Liebe. Ich weiß, dass ich zugleich stark und schwach bin. Menschen sind wie Bäume, die den Winter überstehen, deren Laub aber zart und empfindlich ist. Manchmal macht mich das Leben glücklich, ein andermal verletzt es mich. Ich hatte Erfolge und Misserfolge, habe Dinge besessen und Dinge verloren. Es gab Zeiten, in denen ich mich mitfühlend zeigte, und dann wieder Momente, in denen ich die Geduld verlor. Manche Menschen umarme ich, anderen zeige ich die erhobene Faust. Von alledem werden am Ende, wenn ich sterbe, einzig Augenblicke übrig bleiben, in denen ich geliebt habe und geliebt wurde. Warum wir die Liebe nicht vergessen? Weil sie in Zeiten, in denen es sich anfühlt, als würden wir von einer Klippe stürzen, die Arme ausstreckt, um uns aufzufangen.

Der Schmerz vergeht,
das Schöne bleibt
Die Wunde ist der Ort,
an dem das Licht in dich eintritt

Pema Chödrön wurde in New Jersey als jüngstes Kind einer großbürgerlichen Familie geboren. Sie besuchte die Miss Porter's School, das renommierteste private Mädchengymnasium Amerikas, und studierte am Sarah Lawrence College in New York, das für seine hohen Studiengebühren bekannt ist. Nach dem Studienabschluss heiratete sie einen Anwalt und brachte eine Tochter und einen Sohn zur Welt. Nach dem Umzug nach Kalifornien machte sie ihren Master an der UC Berkeley und wurde Grundschullehrerin. Sie hatte kein schlechtes Leben.

Nach einigen Jahren aber veränderte sich ihre Situation. Sie fand, ihr Mann und sie seien zu verschieden und ließ sich scheiden, heiratete nach einiger Zeit einen Schriftsteller und zog mit ihm nach New Mexico. Dort unterrichtete sie weiter und zog ihre beiden Kinder aus erster Ehe groß. Eines schönen Frühlingstags saß sie im Vorgarten ihres Backsteinhauses im mexikanischen Stil und trank gemütlich ihren Tee, als sie ein Auto kommen hörte. Kurz darauf schlug eine Wagentür zu, und sie sah ihren Mann um die Hausecke kommen. Nach acht Jahren Ehe stellte er sich vor sie hin und eröffnete ihr:

»Es gibt da etwas, was ich dir sagen muss. Da ist eine andere Frau. Ich möchte mich von dir scheiden lassen.«

In diesem Moment stand die Welt für sie still. Sie nahm nur die unermessliche Weite des Himmels wahr, hörte den Bach neben dem Haus plätschern, und spürte den Dampf, der aus der Teetasse aufstieg. Die Zeit existierte nicht mehr, ihre Gedanken waren wie erstarrt, und um sie herum gab es nichts mehr. Da waren nur Licht und unendliche Stille. Als sie aus dieser Trance erwachte, griff sie nach einem Stein und schleuderte ihn nach ihrem Mann.

Diese zweite Scheidung fühlte sich für sie wie ein schlimmer Autounfall an. Zwar gingen ihre Freunde mit ihr ins Kino, luden sie zum Essen oder auf einen Drink in eine Bar ein, um sie zu trösten, aber sie konnte die Verletzungen und den Schmerz nicht loswerden. Nach fünfjährigem Elend fiel ihr eines Tages, als sie im Pick-up eines Bekannten saß, zufällig eine Zeitschrift in die Hand, und sie fing an zu blättern. So stieß sie auf einen Artikel von einem tibetischen Mönch, der mit dem Satz begann: »Negative Gefühle sind überhaupt nicht falsch.« Sie las weiter. Immer wieder musste sie zustimmend nicken, und sie erkannte, dass die Gefühle, die sie durchlebte, richtig waren und ihr das Tor zu einer Welt eröffneten, in der sie dem wahren Wesen des Lebens auf den Grund gehen konnte.

Ihr wurde bewusst, dass sie keinen Mann brauchte. Was ihr fehlte, war die Meditation. Also rasierte sie sich den Schädel und trat zum tibetischen Buddhismus über. Sie näherte sich der spirituellen Welt, ohne dem Schmerz aus dem Weg zu gehen, denn Zeiten voll negativer Emotionen wie Angst, Wut und Enttäuschung kündigen oft einen Wendepunkt im Leben an. Sie verstand, dass nichts auf der Welt ewig ist und es Schmerz verursacht, von vergänglichen Dingen abhängig zu sein.

So wurde Pema Chödrön zur ersten Amerikanerin, die man offiziell als Leiterin von Gampo Abbey, dem ersten tibetisch-buddhistischen Kloster in den USA, ernannte. In mehreren erfolgreichen Büchern wie *Wenn alles zusammenbricht* vermittelt sie tiefe Einsichten, und sie zählt neben dem Dalai Lama und Thích Nhat Hanh zu den einflussreichsten spirituellen Größen unserer Zeit.

Später sagte Pema einmal über ihren Ex-Mann: »Er war mein größter Lehrer, weil er mich verlassen hat.«

Die Erfahrungen, die wir durchmachen, sind Lektionen, die uns das Leben schickt. Ereignisse widerfahren uns nicht, sondern geschehen »für uns«. Ein plötzliches Unglück ist wie ein Feuer, das eine Hülle verbrennt und unsere wahre Natur zum Vorschein bringt.

Mein Freund Manoj Baba war einmal Erdnussverkäufer. In Shudra in der nordindischen Provinz Bihar geboren, brach er die Grundschule ab, um mit einem Korb auf dem Kopf durch die Straßen zu laufen und geröstete Erdnüsse zu verkaufen. Im Alter von 20 Jahren mietete er sich in einem Zimmer in der Nachbarstadt ein, wo er allein lebte und weiter seinem Geschäft nachging, sodass nun dort sein Ruf »Chinia Padam! Kaufen Sie köstliche Erdnüsse!« durch die Gassen schallte.

Nach einiger Zeit fand er mithilfe eines Vermittlungsbüros eine junge Frau aus einem Nachbardorf seines Heimatortes und heiratete sie. Da auch sie aus ärmlichen Verhältnissen stammte, brachte sie keine Mitgift in die Ehe ein. Unverdrossen verkaufte er – nunmehr als Ehemann – fleißig seine Erdnüsse. Obwohl er den ganzen Tag unterwegs war, verdiente er nur wenig. Dennoch griff er jeden Tag nach seinem Korb und schleppte ihn ungeachtet seiner schwächlichen Statur unermüdlich durch die Straßen.

Er war gerade einmal ein halbes Jahr verheiratet, als er wie jeden Morgen mit dem Erdnusskorb aus dem Haus ging. Kurz darauf bemerkte er, dass er etwas vergessen hatte, weshalb er wieder nach Hause zurückkehrte. Als er die Wohnungstür öffnete, lag neben seiner Frau ein Mann – genau genommen der Untermieter, dem er eine kleine Kammer vermietet hatte.

Die Zeit schien stehen zu bleiben, und er fühlte sich, als würde er in einem Zustand der Schwerelosigkeit schweben. Seine Gedanken standen still und das Leben ebenso. Als befände er sich unter einer gläsernen Glocke, drang kein Geräusch an ihn heran. Als er sich schließlich fasste, schleuderte er seiner Frau und ihrem Liebhaber die Erdnüsse mitsamt Korb entgegen, woraufhin sich seine Angetraute zu ihrer Familie flüchtete.

Manoj Babas Leben lag in Scherben. Er sollte seine Frau nie wiedersehen. Wie er später erfuhr, war sie bereits vor ihrer Hochzeit die Geliebte dieses Mannes gewesen. Die Verbindung galt jedoch als gesellschaftlich nicht akzeptabel, und so hatte sie keine andere Wahl gehabt, als eine arrangierte Ehe einzugehen.

Der Liebhaber war ihr gefolgt und hatte sich dreist als Untermieter bei ihnen einquartiert.

Nach einigen Jahren suchte mein Freund das Heimatdorf seiner Ehefrau auf. Sie hatte eine Tochter geboren und behauptet, das Kind sei von ihm. Am Ortseingang traf er auf das kleine Mädchen und kehrte gleich wieder um. Dieses Kind konnte unmöglich von ihm sein.

Damit ging selbst das letzte Bindeglied zu seinem alten Leben verloren. Erdnüsse mochte er auch nicht mehr verkaufen. Unfähig, sich aus seiner Wut, Verletztheit und Enttäuschung zu befreien, suchte er vergeblich nach einem Ausweg, bis er eines Tages einen Wandermönch auf der Straße vorbeigehen sah. Da ließ er sich selbst die Haare wachsen und wurde Sadhu. Bevor er jedoch durchs Land zu wandern begann, ging er in einen Aschram in Rajasthan und lebte dort fünf Jahre lang.

Auf meine Frage, wie es ihm in dieser Zeit ergangen sei, entgegnete er, das läge alles in der Vergangenheit und sei eine Täuschung von Maya – ein Trugbild – gewesen. Die Geschichte, die er mir erzählte, hörte sich für mich frei erfunden an. Ich schaute ihn zweifelnd an und bat ihn, für mich den Erdnussverkäufer zu mimen. Sogleich reckte der den Hals und schrie laut:

»Chinia Padam – Kaufen Sie köstliche Erdnüsse!«

Und schon kam ein Mensch aus dem Nachbarhaus gelaufen, um ihm etwas abzukaufen.

Manoj Baba ist heute beneidenswert glücklich und frei. Er hat weder Schüler, noch besitzt er Bücher, noch gehört er irgendeinem Tempel an. Er besitzt nicht einmal einen Korb, um ihn auf dem Kopf zu tragen. Er meint, alles, was ihm zustoße, gleiche dem Wetter, und sein wahres Wesen sei wie ein endlos blauer Himmel, dem das Wetter nichts anhaben könne. Er horcht gern in die Dinge hinein, die ihm widerfahren, und fragt sich, was sie ihm mitteilen wollen.

Der Dichter Rumi schreibt: »Ignoriere deine Wunden nicht. Sieh dir den Verband an. Die Wunde ist der Ort, an dem das Licht in dich eintritt.«

Das Leben ist ein Buch, in dem unsere Seelen unsere Geschichte lesen. Wir wissen nicht, was im nächsten Kapitel steht, bevor wir zur nächsten Seite umblättern. Wir wissen nur, dass Bücher oft ein Happy End haben, eine Geschichte, die düster beginnt, nicht unbedingt auch so enden muss. Der Weg führt durch den Schmerz, aber irgendwann vergeht das Leid, und die Schönheit bleibt. Rumi sagt weiter:

»Leid bereitet dich auf die Freude vor. Es fegt gewaltsam alles aus deinem Haus, damit neue Freude einen Weg hinein und im Inneren einen Raum finden kann. Es schüttelt die gelben Blätter vom Ast des Herzens, damit er wieder ergrünen kann. Es reißt faule Wurzeln aus, um Platz für die darunter verborgenen neuen Triebe zu schaffen. Was auch immer das Leid aus deinem Herzen schütteln mag, etwas Besseres wird an seine Stelle treten.«

Therapiekreis

Die Weisheit der Bemba

An einer amerikanischen Universität gab es einen Kreis von literarisch hoch talentierten jungen Leuten, von denen jeder den Traum verfolgte, Lyriker oder Schriftsteller zu werden. Es war schwer zu entscheiden, wer am besten schreiben konnte. Bei den Treffen ihres »literaturkritischen Zirkels« besprachen sie gegenseitig ihre Werke und machten dabei mit ihrer schonungslosen Kritik dem Vereinsnamen alle Ehre. Selbst die simpelsten sprachlichen Formulierungen wurden seziert und gnadenlos verrissen. Die Mitglieder waren überzeugt, dass ihnen diese Art von Kritik dabei helfen würde, an ihrer literarischen Ausdruckskraft zu feilen. Ihre Treffen gerieten zu einer Art Wettbewerb darin, wer der schärfste Kritiker von allen sei.

Neben diesem Zirkel gab es noch einen anderen Literaturklub an der Universität, den sogenannten literarischen Diskussionstreff. Auch hier traf man sich, um die Werke der anderen zu besprechen, jedoch mit einem wichtigen Unterschied: Die Kritik war zurückhaltender, positiver und ermutigender. Wenn man einen Text besprach, wurden selbst die kleinsten literarischen Versuche gewürdigt und gefördert.

20 Jahre später wurde im Rahmen einer Studie untersucht, wie sich die Karriere der ehemaligen Studenten der Universität entwickelt hatte. Dabei zeigte sich, dass sich die literarischen Erfolge der Mitglieder beider Klubs deutlich voneinander unterschieden. Keines der zahlreichen Talente aus dem literaturkritischen Zirkel konnte besondere Resultate vorweisen. Der literarische Diskussionstreff hingegen hatte sechs herausragende Schriftsteller hervorgebracht, deren beachtliches Schaffen in der Welt der Literatur allgemeine Anerkennung fand.

Wie viel tragen Kritik und Beurteilung tatsächlich zur Veränderung und Weiterentwicklung eines Individuums oder einer Gemeinschaft bei? Wir meinen, sie seien für ein gesundes Miteinander wichtig, und trauen nur Menschen mit einem kritischen Blick zu, die Welt bewusst wahrzunehmen. So ist es nur natürlich, dass die meisten von uns unbewusst einen »inneren Kritiker« in sich tragen, der sich nicht nur regelmäßig in unseren Gedanken zu Wort meldet, sondern sich im Laufe der Zeit auch in die Physiognomie unseres Gesichts eingräbt. Unter seinem Einfluss ist eine Gesellschaft entstanden, in der jeder jeden kritisiert und angreift.

Das Volk der Bemba im Süden Afrikas hat eine einzigartige Methode entwickelt, um Stammesmitglieder, die vom rechten Weg abgekommen sind, wieder auf Kurs zu bringen. Nur selten kommt es hier zu asozialem oder unmoralischem Verhalten, aber wenn es passiert, geht man damit auf eine Weise um, die so ganz anders ist als die unsere. Zunächst muss sich die Person, die den Fehler begangen hat, in die Mitte des Dorfplatzes stellen. Sofort unterbrechen alle Mitglieder des Stammes ihr Tun und bilden einen Kreis um den Betreffenden. Auch kleine Kinder sind von diesem Ritual nicht ausgeschlossen.

Dann spricht jeder nacheinander über all das Gute, das der Beschuldigte in seinem bisherigen Leben getan hat. Sein positiver Charakter und seine Talente, seine Gutwilligkeit und seine lobenswerten Taten sowie die geduldige Art, mit er sich in die dörflichen Angelegenheiten einbringt – all dies wird möglichst umfassend beschrieben. Falsche Komplimente, Übertreibungen oder Scherze sind nicht gestattet.

Dieses Ritual kann mehrere Tage dauern. Jeder im Stamm spricht über alles Lobenswerte, das der Erwähnung wert ist, und man schaut dabei auf das bisherige Leben dieses Menschen, statt sich mit der Schuld zu befassen, die er auf sich geladen hat. Es wird mit keinem Wort erwähnt, dass man unzufrieden mit ihm sei oder er sich falsch verhalten habe.

Wenn jeder dem Betroffenen alles gesagt hat, was ihm an Positivem einfällt, endet das Ritual mit einem Freudenfest, und der, der den Fehler begangen hat, wird in aller Herzlichkeit wieder in die Gemeinschaft aufgenommen. Es handelt sich hier um eine Methode der positiven Verstärkung, die das Selbstwertgefühl des Betreffenden aufrichtet, indem sie ihn liebevoll an seine guten Seiten erinnert, statt es durch das Auflisten seiner Verfehlungen zu untergraben. Anthropologen kamen zu dem Schluss, dass der Mangel an Verfehlungen, der bei den Bemba zu beobachten ist, auf diesen wunderbaren »Therapiekreis« zurückzuführen sei.

Auf einer meiner Indienreisen brach ich einmal einen großen Streit mit meinem Zimmerwirt vom Zaun, weil ich die Art und Weise, wie er seine Mitarbeiter beschimpfte und menschenunwürdig behandelte, nicht länger hinnehmen mochte. Wütend packte ich meinen Rucksack und suchte mir eine andere Unterkunft, nicht ohne die Angestellten vorher angestachelt zu haben, nicht mehr für den Mann zu arbeiten. Tatsächlich war ich bis dahin über zehn Jahre lang regelmäßig in diesem Gästehaus abgestiegen und stand mit den Wirtsleuten eigentlich auf gutem Fuß, was sich durch diesen Vorfall natürlich änderte. Dann aber sagte mein Lehrer Goraknath Chobe, der mich in der altindischen *Bhagavad Gita* unterwiesen hatte, etwas Entscheidendes, das mir eine nachhaltige Lektion erteilen sollte:

»Was auch immer du tust, tu es mit Liebe. Wenn es mit Hass geschieht, mögen deine Absichten noch so gut sein, du wirst nur negative Ergebnisse ernten.«

Als ich die Bedeutung dieser Worte verstand, zog ich mit Sack und Pack wieder in das alte Gästehaus zurück und versöhnte mich mit dem Besitzer. Meister Goraknath rief den Mann zu sich und erinnerte ihn an alle seine guten Taten. Einem Reisenden, dem der Koffer gestohlen worden war, hatte er freie Kost und Logis gewährt. Einer Pilgergruppe hatte er umsonst Essen aufgetischt. Sogar den Mitarbeitern gegenüber hatte er sich großzügig gezeigt. Seitdem ihn jedoch ein Angestellter bestohlen hatte und bei Nacht und Nebel verschwunden war, war er gegen alles und jeden misstrauisch geworden. Der Meister führte ihn auf den rechten Pfad zurück und verstand, das Positive in ihm wieder zum Vorschein zu bringen, was ihm gelang, weil er auf den guten Kern des Mannes vertraute.

Wie oft tragen wir den Dolch des Vorwurfs und der Aggression in unserer Tasche. Seine Klinge mag noch so klein sein, sie ist immer gefährlich. Der große indische Mönch Shantideva sagte einmal:

»Solange meine alten Gewohnheiten, anzugreifen und zu tadeln, so tief in mir verankert sind, werden sie ein Quell von Qualen sein und mich und andere ins Leid stürzen. Wo kann ich dann Frieden und Freude auf dieser Welt finden?«

Was hat mich heute zum Staunen gebracht?

Poetische Weltsicht

Als ich in einem Meditationszentrum im nordindischen Rishikesh schilderte, dass mich von Zeit zu Zeit ein Gefühl von Melancholie und Einsamkeit überkommt, riet mir einer der Mönche: »Betrachte die Welt mit den Augen eines Poeten.« Ich war überrascht. Er wusste nicht, dass ich selbst Gedichte schrieb, und auch ich selbst hatte es wohl vergessen. Aus dem Blickwinkel der Poesie betrachtet, so fuhr er fort, sähe alles neu aus – Blumen, Bäume, Menschen und sogar alte Gebäude.

Ich versuchte seinem Rat zu folgen, und mit einem Mal kam mir alles verändert vor – der Affe, der mir jeden Morgen meine Bananen stibitzte, der Meditationslehrer, der mit langweiligen Vorträgen meine innere Einkehr störte, die seltenen Vögel, die immer ausgerechnet im selben Baum zu lärmen schienen, ja, selbst die Fähigkeit meines Geistes, jeden Augenblick immer andere, ganz verschiedene Empfindungen wahrzunehmen. Wir sind alle unvollkommen. Es gibt deprimierende Momente im Leben, und jeder von uns hat eine dunkle Seite. Andererseits ist es uns jedoch auch möglich, Mitgefühl zu entfalten und zu staunen.

Ein Onkologe, der an einer Universitätsklinik arbeitete, wurde über seiner Arbeit schwer depressiv. Es setzte ihm ungemein zu, jeden Tag Patienten zu begegnen, die unter furchtbaren Schmerzen litten oder im Sterben lagen. Obwohl er vielen Menschen das Leben rettete oder es ihnen zumindest verlängerte, konnte er nicht verhindern, selbst zu einem Patienten zu werden, der Antidepressiva nehmen musste, um morgens überhaupt aus dem Bett zu kommen. Irgendwann war er so weit, dass er beschloss, seine Stelle zu kündigen, um ein neues Leben zu beginnen.

Sein Chefarzt aber mochte ihn nicht einfach so gehen lassen, denn er war ein hervorragender Chirurg. Stattdessen riet er ihm, sich selbst zu beobachten und darüber Tagebuch zu führen. Nichts leichter als das, dachte der Mann und fing an, sich jeden Tag, wenn er zu Bett ging, die folgenden drei Fragen zu stellen:

Was hat mich heute zum Staunen gebracht?
Was hat mich heute begeistert?
Was hat mich heute inspiriert?

Die Antwort darauf notierte er in seinem Tagebuch. In den ersten Tagen schrieb er dreimal »nichts«. Es mache keinen Sinn, ein solches Tagebuch zu führen, befand er bei seinem nächsten Gespräch mit dem Chef. Es sei lästig und überflüssig. Der empfahl ihm daraufhin: »Geben Sie Ihre bisherige Sicht auf das Leben auf. Stellen Sie sich vor, Sie seien Poet, und betrachten Sie die Menschen und die Welt mit seinen Augen.« Daraufhin begann der Mann bewusst, einen anderen Blickwinkel einzunehmen.

Überrascht stellte er auf diese Weise fest, dass Krebszellen von einem auf den anderen Tag um mehrere Millimeter wachsen oder schrumpfen können. Auch war er beeindruckt von der unglaublichen Liebe und Geduld, die eine Mutter ihren beiden Kindern entgegenzubringen vermochte, obwohl sie sich gerade einer Chemotherapie unterzog. Patienten, die sich im Kampf gegen ihre unheilbare Krankheit nie geschlagen gaben, inspirierten ihn mit einem Mal, während er zuvor in seiner täglichen Routine als Arzt über ihren Heldenmut einfach hinweggesehen hatte. Auf diese Weise erholte er sich allmählich von seiner Depression. Mitunter fragte er seine Patienten sogar direkt: »Woher nehmen Sie die Kraft, Ihre Krankheit zu ertragen?« Er änderte seinen Umgang und seine Art, mit ihnen zu sprechen. Er redete mit ihnen nicht nur über die Behandlung selbst, sondern auch über ihre Lebensgeschichte, sodass eine persönliche Nähe entstand. Mit der Zeit entdeckte er dabei Aspekte des Lebens, die ihm vorher entgangen waren.

Einige Wochen später zog er bei einer Besprechung mit seinem Chefarzt ein besonders schönes Stethoskop aus der Tasche, das ihm ein Patient geschenkt hatte. »Damit werde ich von nun an nicht bloß den Herzschlag abhorchen, sondern dem Klang der Seelen lauschen.«

Er hatte erkannt, dass er zwar viel über Krebs, aber nichts über die Menschen gewusst hatte.

Spirituelles Erwachen bedeutet, die Welt aus einem neuen Blickwinkel heraus zu betrachten. Wir wünschen uns ein neues

Leben und wären gern an einem anderen Ort, was wir aber viel dringender brauchen, sind neue Augen. Der Verstand kann uns vor manchem Übel bewahren, aber er nimmt uns auch vieles, vor allem das Staunen. Wir nehmen uns nicht genug Zeit für die Menschen und Dinge um uns herum und lassen uns von ihnen weder überraschen noch berühren. Alles wird zu einer Frage der Ratio, das intuitive Herz aber schweigt. Sollte Sie irgendwann das Gefühl überkommen, dass alles Licht aus der Welt gewichen ist, ist es höchste Zeit, die poetische Perspektive einzunehmen. Wie reich das Leben eines Menschen ist, bemisst sich an der Bandbreite seiner Gefühle und daran, wie oft ihn etwas beeindruckt. »Ein Lyriker ist einer, der weiß, wie sehr gewöhnliche Pflaumen einen Menschen berühren können«, erklärt André Gide in *Die Früchte der Erde*.

Wahrlich reich ist der Mensch, der sich über einen Wurm im Gras, eine einzelne Blüte, einen Sonnenuntergang und die kleinen Freuden und Erfolge des Alltags freuen kann. Lassen wir uns emotional berühren, werden wir geläutert, glücklich, ja heilig. Und nur wenn man uns beeindrucken kann, können auch wir Eindruck machen. Bevor wir im Herzen eines anderen ein Feuer entfachen können, müssen wir erst selbst für etwas entbrannt sein. Ein Mensch, dessen inneres Licht nicht leuchtet, ist wirklich zu bedauern.

Was hat Sie heute zum Staunen gebracht?

Was hat Sie beeindruckt oder in Ihrem Herzen Wellen geschlagen?

Was hat Sie heute inspiriert?

Und an welchem Blatt malen Sie?

Geschenk des Himmels

Es war einmal ein kleiner, unscheinbarer Mann namens Tüftler. Er war Maler, wenngleich kein erfolgreicher. Die meisten Leute wussten nicht einmal, dass er malte, weil er genau genommen nur sehr selten zum Malen kam. Kaum ging er daran, ein Bild anzufangen, drängten sich andere Dinge in den Vordergrund. Zerbrochene Fensterscheiben und undichte Stellen im Dach mussten erst noch repariert werden; diese oder jene Wand schrie nach neuer Farbe. Zudem wussten die Nachbarn um sein weiches Herz und baten ihn unablässig um Hilfe. Gelegentlich wandten sich sogar entfernte Bekannte an ihn mit der Bitte um Unterstützung.

Tüftler war nicht von Haus aus reich, und so musste er sich seinen Lebensunterhalt stets mühsam verdienen. Der-sich-mit-Banalitäten-verzettelt-und-seine-Zeit-vertut, dieser Name hätte sehr gut auf ihn gepasst.

Was ihn ebenfalls in seinem künstlerischen Schaffen bremste, war, dass er sich nach der ganzen anderen Arbeit oft zu nichts mehr aufraffen konnte und nur noch träge herumsaß. Er war erschöpft von all den belanglosen Kleinigkeiten, die ihn nicht interessierten, und wollte von dem ganzen Kram nichts mehr wissen. Bloß noch seine Ruhe haben, das wollte er. Zudem gab es zwar viele Bilder, die er hätte malen wollen, aber sie erschienen ihm häufig zu groß und zu ehrgeizig für sein Talent. Also fing er gar nicht erst an.

Nun war es so, dass er bald eine längere Reise anzutreten hatte, die er nur zu gern vermieden hätte. Allein den Gedanken daran hasste er, aber es blieb ihm keine andere Wahl; es führte kein Weg daran vorbei. Da das genaue Datum der Abfahrt noch nicht feststand, schob er die Vorbereitungen auf die lange Bank.

Angesichts der bevorstehenden Reise regte sich in ihm jedoch der Wunsch, vor seinem Aufbruch noch ein bestimmtes Bild zu malen, das ihn schon lange im Herzen bewegte. In seiner Vorstellung sah er immer als Erstes ein einzelnes Blatt, das im Wind schwankte und aus dem nach und nach ein riesiger Baum mit unzähligen Blättern und Ästen entstand. Jedes Blatt sollte anders sein und das unterschiedliche Licht mit seinen diversen Schattierungen aus verschiedensten Winkeln einfangen. Danach würden sich Vögel mit mystischem Federkleid auf den Zweigen niederlassen. Durch das Geäst sähe man ein Feld, dahinter einen uralten Wald und schließlich die schneebedeckten Berge schimmern.

Um dieses Meisterwerk zu erschaffen, das er im Kopf bereits in allen Einzelheiten vor sich sah, bespannte er eine Leinwand, die so groß war, dass er dazu eine Leiter brauchte. Er erstellte auch erste Skizzen und tupfte hie und da etwas Farbe darauf. Dann aber kam sein Werk ins Stocken. Wie immer musste er ständig die Pinsel beiseitelegen, um kleine Gefälligkeitsarbeiten für seine Nachbarn zu erledigen, die von seinem Bild nicht die leiseste Ahnung hatten. Er wünschte sich, endlich genug Zeit zu haben, um sich wenigstens einen halben Tag lang dem Malen widmen zu können. Wenn er aber nach Hause kam, war seine Motivation wie weggeblasen, und die Müdigkeit siegte. Dass er nicht vorankam, lag auch in der Sache selbst begründet. Wann immer er ans Malen ging, wollte er das Leuchten der Sonnenstrahlen, die subtilen Schatten und glänzenden Tautropfen auf der Oberfläche eines jeden Blatts absolut perfekt wiedergeben, weswegen er sich in den Details verlor.

»Was auch immer geschieht, wenigstens dieses eine Bild werde ich fertigstellen. Es soll schließlich mein Meisterwerk werden! Ich werde es beenden, bevor ich auf die Reise gehe«, nahm er sich vor.

Also stieg er auf die Leiter und begab sich an die Arbeit, aber bevor er mit dem ersten Blatt fertig war, ereignete sich eine Reihe von Dingen, die ihn wieder aus der Arbeit rissen. In der Familie gab es Probleme, er musste als Zeuge vor Gericht aussagen, ein entfernter Verwandter wurde krank und allerhand andere unaufschiebbare Angelegenheiten stürzten über ihn herein. Immer gab es etwas zu erledigen.

Nur wenige wussten von seinem Gemälde, und selbst wenn es allgemein bekannt gewesen wäre, hätte es keinen großen Unterschied gemacht, weil niemand um ihn herum das Malen als wichtig erachtete. Seine Nachbarn hätten es für sinnvoller gehalten, eine Leinwand dieser Größe zum Abdichten eines

Daches zu nutzen. Seine Leidenschaft für die Malerei war etwas ganz Persönliches. Und obgleich sie ihm wichtiger war als alles andere, hatte er das Gefühl, sie ginge im Alltag unter.

Mit der Zeit wich die Hoffnung, das Gemälde je fertigzustellen, der Verzweiflung über den mangelnden Fortschritt und darüber, seinen künstlerischen Stern untergehen zu sehen.

Eines Tages besuchte er einen Nachbarn, dessen Frau mit Grippe daniederlag, und steckte sich bei ihr an. Mit hohem Fieber siechte er dahin, bis schließlich der Todesbote zu ihm kam und befand, es sei nun an der Zeit für seine letzte Reise.

»Aber ich habe mein Bild noch nicht fertig gemalt. Bitte gib mir noch etwas Zeit«, flehte der Mann weinend.

Der Todesbote aber ließ nicht mit sich handeln. »Das mag aus deiner Warte natürlich schade sein, aber es ist vorbei. Lass uns gehen.«

Nach Tüftlers Tod fanden die Nachbarn in seinem Haus eine in die Jahre gekommene Leinwand, auf die ein sehr schönes Blatt gemalt war. »Der Ärmste«, sagten sie. »Wir hatten ja keine Ahnung, dass er malt.« Sie hängten das Gemälde ins Dorfmuseum, aber das Gebäude brannte kurz darauf ab. Hätte man die Leute im Dorf nach dem Mann gefragt, so hätten sie ihn als naiven, unauffälligen, unbedeutenden Menschen beschrieben.

Und der Verstorbene? Der saß unterdessen im Zug Richtung Himmel. Auf halbem Weg hörte er aus der Ferne zwei Stimmen zu ihm sprechen. Die eine schimpfte in strengem Tonfall, er habe seine Zeit mit Kleinkram vertändelt und sein Talent vergeudet, ohne im Leben etwas Nennenswertes zuwege gebracht zu haben.

Die andere aber war warm und lobte tröstend seinen guten Charakter.

An der Pforte zum Himmelreich angekommen, blieb Tüftler vor Staunen der Mund offen stehen, denn in schönster Vollendung stand dort genau der Baum, den er hatte malen wollen, mit den gleichen ausladenden Ästen. Genauso, wie er es sich vorgestellt hatte, wiegten sich seine Blätter im Wind, und zwitschernde Vögel saßen auf seinen Zweigen. Bis ins letzte Detail entsprach der Baum seiner Vision. Mit großen Augen schaute er ihn an. Dann breitete er langsam die Arme aus und rief: »Welch ein Geschenk!«

So oder so ähnlich steht es in der fabelhaften Erzählung *Blatt von Tüftler* von J. R. R. Tolkien, dem Autor von *Herr der Ringe*. Sie endet damit, dass dem Protagonisten im Jenseits das Bild geschenkt wird, das er zu Lebzeiten hatte malen wollen. Aber vielleicht realisierte er in diesem Moment, dass auch die Gabe, die er besaß, ein Geschenk Gottes gewesen war. Unter dem Vorwand, laufend beschäftigt zu sein und Geld verdienen zu müssen, hatte er sie nicht genutzt und bis zu seinem Tod nur ein einziges Blatt vollendet, was ihn in den Augen der Nachwelt belanglos und unbedeutend machte.

Die Geschichten, die wir im Herzen tragen, sind wie Kiesel, die wir im Laufe unseres Lebens zusammengeklaubt haben und nun ununterbrochen sortieren. Unser Dasein fühlt sich schwer an, wenn wir uns mit Steinen identifizieren. Vögel fliegen in der Gewissheit, dass sie Teil des weiten Himmels sind – alles andere sind nur Wetterphänomene.

Ein fliegender Vogel blickt nie zurück

Die Freiheit nach dem Loslassen

Es war einmal ein Vogel, der flog wie alle anderen Vögel frei am Himmel herum, pickte an Früchten und ließ stolz seine klare Stimme erklingen. Er hatte jedoch die seltsame Angewohnheit, wann immer etwas passierte, ob gut oder schlecht, einen kleinen Kiesel aufzuheben und mitzunehmen. Und jedes Mal, wenn er seine Steinchen sortierte, lachte er, wenn er sich an etwas Angenehmes erinnerte, und weinte, wenn es etwas Trauriges war.

Der Vogel trug seine Kiesel immer bei sich und vergaß sie nie. Im Laufe der Jahre wurde seine Sammlung immer größer und schwerer, sodass er irgendwann kaum noch fliegen konnte.

Eines Tages schaffte er es gar nicht mehr, sich vom Boden zu erheben, und bald konnte er auch nicht mehr laufen. Jeder einzelne Schritt fiel ihm schwer. Er konnte nicht mehr an Früchten picken, und nur wenn es gelegentlich regnete, mühsam seinen Durst stillen. Aber der Vogel beschützte tapfer die ihm so kostbaren Kiesel und gab nicht auf, bis er schließlich verhungert war. Was blieb, war ein Haufen wertloser Steine.

Ein fliegender Vogel blickt nicht zurück. Täte er es, wäre er schnell tot. All das Vergangene, ob gut oder schlecht, würde steinschwer auf seinen Flügeln lasten und ihn im Jetzt am Fliegen hindern.

Vor einigen Jahren nahm ich im nepalesischen Teil des Himalayas an einer Trekkingtour teil. Unser Plan war, zu Fuß von Pokhara nach Muktinath auf 3800 Metern Höhe über dem Meeresspiegel aufzusteigen. Gut eine Woche war für die Strecke geplant. Das als Apfelanbaugebiet berühmte Dorf Jomsom ist dank seines kleinen Flughafens Ausgangs- und Endpunkt vieler Bergrouten, weshalb dort jede Menge Touristen anzutreffen sind und es eine Vielzahl von Unterkünften gibt. In der Nähe des Flughafens quartierten wir uns mit unserer Gruppe in einem kleinen Gästehaus ein, dessen Wirtin sich als außerordentlich raffgierig erwies. Das Zimmer war schmutzig und das Essen schlecht, und am Ende gerieten wir mit ihr in Streit, weil sie viel zu viel Geld von uns verlangte.

Da man bei einer solchen Tour an jedem Ort nur eine Nacht bleibt, packten wir frühmorgens unsere Rucksäcke und brachen zu unserem nächsten Etappenziel auf. Wir hatten einen guten Halbtagesmarsch an einem trockenen Flussbett entlang vor uns, bis zum Dorf Kagbeni, der Pforte zum Königreich Mustang. Es war ein wunderschöner Weg mit Blick auf die in der Ferne aufragenden Himalaya-Gipfel Annapurna, Daulagiri und Nilgiri, und mit diesem herrlichen Panorama vor Augen durchschritten wir flache Furten, überquerten eine Hängebrücke und begegneten einer Prozession von Maultieren mit Glocken am Hals. Gelber Löwenzahn und grüne Gerste setzten farbige Tupfer in die karge Landschaft, und ab und zu kamen wir an einem schlichten tibetischen Tempel vorbei, der zu einem kurzen Besuch einlud.

Einer aus unserer Gruppe konnte jedoch während des gesamten Weges über nichts anderes reden als darüber, was wir in Jomson in dem Gästehaus erlebt hatten. Statt jetzt, in diesem Augenblick, den Weg zu genießen, war er vollauf damit beschäftigt, das zurückliegende unangenehme Erlebnis Revue passieren zu lassen und es mit Begebenheiten zu vergleichen, die noch weiter zurück in der Vergangenheit lagen. Selbst während wir den steilen Weg ins Hochland Richtung Muktinath hinaufkeuchten, fand er den Atem, sich über den Dreck und das überteuerte Mittagessen in dem Lokal zu beschweren, in das wir in Kagbeni eingekehrt waren. Die abgelegenen Bergtäler, deren karge Schönheit jeden Betrachter doch eigentlich ins Schwärmen bringen sollten, fand er in seinem Trekkingtagebuch keines Eintrags wert.

Es gibt nicht viele Orte auf der Welt, an denen man eine so spektakuläre Aussicht für so wenig Geld geboten bekommt. Stellen Sie sich vor, wie Sie, umgeben von den schneebedeckten Gipfeln des Himalayas, für 100 Won, umgerechnet nicht einmal zehn Cent, einen duftenden Tee zu trinken bekommen. Es ist nicht leicht, die passenden Worte zu finden, um dieses Gefühl und die Dankbarkeit, die man dabei empfindet, zu beschreiben.

Aber dieser Mann schleppte auf der ganzen Tour einen schweren Rucksack voll von negativen Erinnerungen mit sich herum, der ihn fast erdrückte. Ihm wurde nicht leicht ums Herz bei allem, was er erlebte; sein Herz wog tonnenschwer. Das Wandern auf den steilen Bergpfaden bescherte ihm Atemnot und Blasen an den Füßen, unbequeme Unterkünfte und fades Essen. Von einer Trekkingtour sollte man sich keine idealistische Vorstellung machen. Widrigkeiten sind dabei vorprogrammiert. Dieser Mann aber beschwerte sich ohne Unterlass, sodass sich nach und nach jeder aus der Gruppe von ihm fernzuhalten begann. So lief er fast immer allein. Je mehr das Herz in der Vergangenheit festhängt, desto schwieriger ist es, die Gegenwart zu lieben. Menschen mit seelischen Problemen neigen oft dazu, kontinuierlich die Vergangenheit wiederzukäuen und der Welt darum mit einer verzerrten Wahrnehmung zu begegnen.

Dazu fällt mir die folgende Anekdote ein: Ein Mann, der leicht in Zorn geriet, wandte sich an seinen spirituellen Lehrer. »Ich werde so leicht wütend und kann meine Gefühle selbst bei Kleinigkeiten nicht kontrollieren«, klagte er. »Woran mag das nur liegen?«

Der Meister antwortete: »Du trägst alte Verletzungen mit dir herum, die dir in deiner Kindheit oder Jugend zugefügt wurden. Dadurch bist du sehr dünnhäutig.«

»Von ein paar Kleinigkeiten abgesehen, kann ich mich nicht erinnern, dass mich je einer verletzt hätte. Wie könnten Narben der Vergangenheit mich jetzt noch beeinträchtigen?«

Der Meister reichte dem Mann eine kleine Flasche Wasser und bat ihn, sie am ausgestreckten Arm in der Hand zu halten. »Ist sie schwer?«, fragte er.

»Nein. Sie ist nicht schwer«, antwortete der Mann.

Zehn Minuten später fragte der Lehrer erneut: »Ist sie schwer?«

»Ein wenig schon, aber es geht«, erwiderte der Mann.

Nach einer weiteren Weile erkundigte sich der Meister wieder: »Und? Wie sieht es jetzt aus?«

»Sie ist sehr schwer. Ich kann sie nicht mehr halten.«

»Das Entscheidende«, erklärte daraufhin der Meister, »ist nicht das Gewicht selbst, sondern wie lange man es trägt. Man muss Verletzungen und Erinnerungen aus der Vergangenheit ablegen. Je länger man sie behält, desto schwerer wiegen sie, genau wie diese Flasche.«

Die Kunst des Lebens besteht darin, die Vergangenheit hinter uns zu lassen und in der Gegenwart zu sein. An Dingen, die wir längst hätten loslassen sollen, wirklich nicht mehr festzuhalten – das befreit uns und verleiht uns Flügel. Freiheit entsteht durch die Trennung von Vergangenem.

Im Schaufenster eines New Yorker Buchladens habe ich einmal den folgenden Spruch gelesen, den ich nie vergessen werde. Von wem er stammt, weiß ich nicht:

»Ein Vogel, der auf einem Baum sitzt, hat keine Angst, dass der Ast brechen könnte. Das liegt daran, dass er auf seine eigenen Flügel vertraut, nicht auf den Baum.«

Deshalb kann der Vogel auch dann wieder singen, wenn ein Taifun ihn weggefegt hat. Eines Tages sind wir zu diesem unserem Planeten gekommen, der voller Leben und Licht ist, voller Klänge und Farben. Wir wissen nicht, wann wir ihn wieder verlassen müssen. Das kurze Leben, das uns gegeben wurde, ist unsere einzige Chance. Wäre es nicht traurig, nur mit Erinnerungen an alte Verletzungen aus dieser Welt zu scheiden?

Die spirituelle Meisterin Pema Chödrön erzählt die Geschichte einer Frau, bei der eines Tages aus heiterem Himmel Krebs diagnostiziert wurde. Als sie, die ihr ganzes Leben lang ungeduldig gewesen war und sich über jede Kleinigkeit beschwert hatte, erkannte, dass sie bald sterben würde, öffnete sie ihr Herz für die Menschen und Dinge um sie herum. Sie suchte die Nähe von Bäumen, von Gras, der Sonne, von Blumen, Vögeln und Insekten, denen sie bis dahin keine Beachtung geschenkt hatte. Sie spürte den Wind in ihrem Gesicht, setzte ihren Körper dem Regen aus, umarmte Menschen, rannte mit ihrem Hund. Zum ersten Mal hatte sie das Gefühl, wirklich zu leben. Jeden Tag erlebte sie so bewusst, als sei es ihr allerletzter. Kurz vor ihrem Tod lehnte sie sogar Schmerzmittel ab, denn selbst im Schmerz sah sie eine wertvolle Erfahrung. Am Ende schlief sie lächelnd ein, nicht ohne den besorgten Familienmitgliedern und Freunden, die sich an ihrem Bett versammelt hatten, noch ein letztes Wort des Trostes mit auf den Weg zu geben.

Je mehr wir loslassen, desto freier sind wir; je freier wir sind, desto höher fliegen wir, und je höher wir fliegen, desto mehr sehen wir. Selbst die dünnste Leine am Bein eines Vogels hindert ihn am Fliegen. Vögel fliegen nicht, um frei zu sein; das Fliegen an sich ist Freiheit. Den Moment zu lieben, der nie wiederkommen wird, und nicht die Kiesel der Vergangenheit zu sortieren – das hält den Vogel in der Luft.

Auch wenn Sie nicht wissen, wohin die Reise geht, wird Sie der Wind mitnehmen, solange Sie Ihre Flügel ausbreiten. Vielleicht geht es uns dann wie den Vögeln: Sie lieben den Wind, der unter ihren Schwingen rauscht.

Was denkst du gerade?

Über die Achtsamkeit

Ich war auf dem Weg in die Buchhandlung *Maruzen* am Bahnhof von Tokio, als ich eine Frau, die etwas abseits vom Eingang auf einer Bank saß, mit wütender Stimme sagen hörte: »Warum benimmst du dich mir gegenüber so?« Ich blickte mich überrascht um, aber da war sonst niemand außer mir. Ich sah diese Person zum ersten Mal und hatte ihr nie etwas getan. Trotzdem überzog sie mich mit einer schneidenden Schimpftirade.

Irritiert ging ich in den Buchladen. Als ich mich noch einmal zu ihr umschaute, merkte ich, dass sie gar nicht mit mir redete, sondern mit einem anderen, Unsichtbaren. Obwohl sie ihrer äußeren Erscheinung nach eher unauffällig wirkte, schien sie an psychischen Problemen zu leiden. Als ich zwei oder drei Stunden später wieder aus dem Buchladen herauskam, saß sie immer noch ganz allein auf der Bank und murmelte vor sich hin.

Während meiner Schulzeit verbrachte ich einen Monat im Krankenhaus, nachdem ich mit starken Kopfschmerzen und Angstzuständen eingeliefert worden war. Nach vorübergehender Besserung erlitt ich einen Rückfall, als ich im zweiten Jahr an der Uni studierte. Damals zog ich permanent um, von einer winzigen Wohnung in die nächste, und dazwischen war ich immer wieder obdachlos. Ob es sich bei meinem Zustand um ein Delirium oder eine Schizophrenie handelte, wurde nie herausgefunden. Ich weiß nicht, ob es ein glücklicher Umstand war oder nicht, jedenfalls fehlte mir das Geld für eine medizinische Behandlung, und ich musste meine Symptome darum ertragen, ohne auf Medikamente zurückgreifen zu können. Um mich abzulenken, wandte ich mich noch intensiver der Literatur zu, und obwohl ich das Semester wiederholen musste, gewann ich in jenem Jahr einen Preis bei einem Literaturwettbewerb.

Mein Debüt als Lyriker änderte nichts an meinen Lebensumständen. Wenn ich die Miete nicht bezahlen konnte, wurde ich auf die Straße gesetzt und verlor das Dach über dem Kopf. Da es damals eine nächtliche Ausgangssperre gab, schlug ich mir die Nächte auf dem Universitätscampus, am Bahnhof oder in einer Unterführung um die Ohren, stets auf der Hut vor der Polizei.

An all diesen Orten begegnete ich anderen Obdachlosen, und einige von ihnen führten Selbstgespräche. Nicht etwa, dass sie einen irren Blick gehabt hätten. Ihre Augen waren offen und klar, während sie jemandem, der gar nicht da war, ihre Geschichte erzählten oder auch mit ihm stritten. Ich kannte solche Leute von dem Psychiatrieaufenthalt in meiner Jugend. Die Grenze zwischen ihren Wahnvorstellungen und der Realität war für sie fließend, sodass sie fast etwas von Geistern hatten.

Wenn ich die Nächte mit diesen Menschen verbrachte, fing ich manchmal selbst an, mit mir zu reden. Ich war so in meine

Gedanken vertieft, dass mir die Worte über die Lippen kamen, ohne dass ich es merkte; und wenn es mir auffiel, erschrak ich darüber. Würde ich irgendwann geistig genauso verwirrt sein wie diese Leute? Was sollte aus mir werden, wenn ich irgendwann nicht mehr merkte, dass ich vor mich hin brabbelte oder dass ich Halluzinationen hatte? Allein die Vorstellung war schon schrecklich genug.

Um meine Angst zu überwinden und nicht ins Grübeln zu verfallen, beschloss ich, laut Gedichte vorzulesen. Stellen Sie sich einen langhaarigen jungen Mann vor, der um Mitternacht an einer Bahnstation oder in einer Unterführung sitzt und Elliots *Das wüste Land* rezitiert; oder die Zeile »Ihr Seiten, fliegt beglänzt aus meinem Schoße« aus Paul Valérys *Der Friedhof am Meer*. Geht es noch verrückter?

Irgendwann begriff ich, dass sich an meiner Situation nichts ändern würde, bis ich mein Studium hinter mich gebracht hätte, und ich begann, mich für die funktionalen Aspekte des menschlichen Denkens zu interessieren. Ich war neugierig auf dieses unergründliche Reich, in dem wir zwar Herr über unsere Gedanken sind, gelegentlich aber von Fantasien überwältigt werden. Wie war dieses lebensbeherrschende Phänomen zu erklären? Und woher kamen die Gedanken, die sich manchmal der Kontrolle ihres Urhebers entzogen und im schlechtesten Fall in den Wahnsinn münden konnten? Außerdem fragte ich mich, ob es mir gelingen könnte, ständig achtsam zu sein, ohne wie beim Hinüberdämmern in den Schlaf die Kontrolle über meine Gedanken zu verlieren; ob also ein Zustand ruhiger und friedlicher Existenz möglich wäre, in dem ich keine Selbstgespräche mehr zu führen brauchte.

Wenn ich mein Denken erforschen will, sind dann nicht meine Gedanken zugleich Verfolger und Verfolgte, und noch dazu die Verfolgung selbst? Auf der Suche nach Antworten auf all diese schwierigen Fragen las ich Bücher über die Beschaffenheit des Geistes und fing an, Meditationszentren zu besuchen. Das war der Moment, in dem ich aufhörte, mich mit Literatur zu beschäftigen, und stattdessen meditierte. Als mir klar wurde, dass alles, was uns Menschen umtreibt, vom Geist ausgeht, suchte ich die verschiedensten Lehrer auf, die die Verbindung von Herz und Verstand in der Tiefe ausgelotet hatten.

Der ursprünglich aus Deutschland stammende spirituelle Lehrer Eckhart Tolle schildert folgendes Erlebnis aus seiner Studentenzeit: Er war mit der U-Bahn auf dem Weg zur Universitätsbibliothek. Ihm gegenüber saß eine Frau von Anfang 30, die ganz offenbar über irgendetwas sehr aufgebracht war. Sie wirkte nervös und redete ständig mit sich selbst, als wäre sie nicht ganz normal. Sie war so in ihre eigene Welt vertieft, dass sie ihre Mitreisenden nicht wahrnahm. Sie führte eine Art Monolog, der sich sinngemäß etwa so zusammenfassen lässt:

»Ich habe ihr gesagt, du seist eine Lügnerin. Wie kannst du es wagen, so über mich zu reden? Du warst diejenige, die mich ausgenutzt hat. Ich habe an dich geglaubt, aber du hast mein Vertrauen missbraucht ...«

Es war ein wütendes Zur-Rede-Stellen nach einer Ungerechtigkeit, die ihr widerfahren war. Völlig in ihrer Gefühlswelt gefangen, kam ihr ein Wortschwall über ihre Lippen, ohne dass sie sich dessen bewusst war.

Tolles Neugier war geweckt, und er beschloss, ihr zu folgen, zumal sie an der gleichen Station ausstieg wie er. Auch jetzt führte sie ein Selbstgespräch, in dem sie offenbar von jemandem für etwas beschuldigt wurde, was sie postwendend widerlegte. Die Frau schien das gleiche Ziel zu haben wie er, denn sie lief auf dasselbe Universitätsgebäude zu, zu dem er auch wollte. Er fragte sich, ob sie Studentin, Verwaltungsangestellte oder womöglich Teilnehmerin irgendeiner psychologischen Studie sei. Wie auch immer, sie verschwand im Gebäude, und er beschloss, noch einen Abstecher zur Toilette zu machen, bevor er in den Lesesaal ging. Die Frau ging ihm nicht aus dem Kopf. Während er sich die Hände wusch, dachte er bei sich: »So wie sie möchte ich auf keinen Fall werden.«

Da bemerkte er, wie ihn der Mann, der neben ihm stand, verwundert von der Seite her anschaute. Tolle musste die Worte wohl laut ausgesprochen haben, ohne sich dessen bewusst zu sein. Als ihm das klar wurde, erschrak er zutiefst. Etwas in ihm hatte ihn offensichtlich dazu gebracht, genauso vor sich hin zu murmeln wie diese Frau. Der einzige Unterschied bestand darin, dass sie alle ihre Gedanken aussprach, während er die seinen normalerweise, wie die meisten Menschen, stumm formulierte. Wäre sie also verrückt, wären alle anderen es auch – einschließlich Tolle selbst. Es gab lediglich graduelle Unterschiede.

Dieses Erlebnis bot ihm Gelegenheit, vom Denken ins Wahrnehmen des Denkens zu wechseln. Ihm wurde klar, dass nicht bewusst wahrgenommenes Denken eines der Hauptprobleme des Menschen ist. Und er begriff gleichzeitig, dass das Leben weniger ernst ist, als er es sich immer vorgestellt hatte.

Ein indianischer Meister erklärte es einem Schüler so: »Du redest zu viel mit dir selbst. Du bist in dieser Hinsicht nichts Besonderes, weil wir alle es tun. Wir erhalten unsere Welt mit inneren Monologen aufrecht. Aber weise Menschen wissen, dass sich die Welt ganz anders darstellt, sobald wir aufhören, mit uns selbst zu reden.«

Gedanken sind nicht das Selbst. Gedanken sind nicht identisch mit dem Menschen, der sie formuliert. Der Mensch ist vielmehr ihr Beobachter. Solange wir nicht erkennen, wer wir wirklich sind, werden wir von unseren Gedanken beherrscht und führen unablässig Selbstgespräche, statt achtsam durchs Leben zu gehen. Möchten Sie nicht aus diesem Zustand erwachen und zu lächeln beginnen?

Die köstlichste Mahlzeit
Achtsam essen

Ein Amerikaner ging nach Thailand, rasierte sich den Kopf und beschloss, eine Zeit lang als buddhistischer Mönch zu leben. In seinem ersten Jahr meditierte er nach strengen Regeln in einem Tempel im Dschungel und führte ein asketisches Dasein. Eine der Regeln, die er einzuhalten hatte, bestand darin, nur eine Mahlzeit pro Tag zu sich zu nehmen, und zwar ausschließlich vormittags. Ab Mittag waren ihm nur noch Wasser und Tee erlaubt. Außerdem musste er mit seinen Mitbrüdern jeden Morgen ins Dorf laufen, um mit der blechernen Reisschüssel Essensspenden zu erbetteln. Der Weg führte sie aus dem Dschungel heraus, zwischen Reis- und Getreidefeldern hindurch und schließlich an einem Rain entlang ins Dorf.

Dort angekommen, klapperten sie mit ihren Metallschalen, und die Dorfbewohner kamen herbei und legten Reis, Gemüse, Obst und dergleichen Speisen hinein. Anschließend kehrten die Mönche in den Tempel zurück und aßen bedächtig und schweigend. Manchmal schmeckte das Essen sogar nach westlichen Maßstäben köstlich, meistens aber nicht. Das Gemüse triefte vor Öl, und alles war mit rotem Chili derart scharf gewürzt, dass dem Amerikaner die Zunge brannte. Gelegentlich fand er auch ungewohnte Dinge wie gebratene Froschschenkel in seiner Schale. Fermentierte Gurken waren dabei, die so sauer waren, dass es ihn schüttelte. Aufgrund der Regeln des Tempels war es ihm jedoch nicht erlaubt, Nahrung abzulehnen, die die Gläubigen gespendet hatten.

Sich an das Essen zu gewöhnen war für ihn schwieriger, als um vier Uhr morgens zum Meditieren aufzustehen und bis zum späten Abend auf seinem Kissen sitzen zu bleiben. Nach ein paar Monaten aber bemerkte er, dass seine Versenkung beim Essen am tiefsten war. In der Tat handelte es sich bei der Praxis, die er in dem Tempel lernte, um Vipassana, eine sogenannte Einsichtsmeditation. Im Wesentlichen ging es darum, die Gedanken unentwegt auf den Augenblick zu richten und nicht abschweifen zu lassen, ganz gleich, ob der Geist gerade mit etwas beschäftigt war oder nicht. Der Amerikaner fand es schwierig, sich zu konzentrieren, wenn er mit gekreuzten Beinen dasaß und meditierte, weil ihm dabei die Beine einschliefen und es ihn am Rücken juckte. Seine Gedanken wanderten dann immer zu seiner Familie und seinen Freunden in der Heimat, und er machte automatisch Pläne für die Zukunft. Ständig verlor er seine Achtsamkeit.

In den Momenten aber, in denen er an den Feldern entlangging, um Almosen zu sammeln, in denen ihm die Dorfbewohner Essen in die Schale legten, das er nach seiner Rückkehr in den Tempel schweigend Bissen für Bissen zu sich nahm, war er wacher denn je. Kein Gedanke fand Raum, um sich dazwischenzudrängen, was daran lag, dass er täglich nur diese eine Mahlzeit bekam.

Für ihn, der es von Kindesbeinen an gewohnt gewesen war, drei aufwendig zubereitete Mahlzeiten pro Tag mit passenden Getränken serviert zu bekommen, war dies die einzige Gelegenheit, sich die Nährstoffe zuzuführen, die sein Körper brauchte und ihm den Hunger stillten. Darüber hinaus waren der Gang ins Dorf und das Bitten um Almosen das einzige bisschen Abwechslung und Unterhaltung, die sich ihm im Einerlei des sich ständig wiederholenden asketischen Tempelalltags bot. Er freute sich dabei jedes Mal schon auf das Essen, das er bald zu sich nehmen würde.

Diese Momente waren so wertvoll, dass er keinen davon verpassen wollte. Deshalb praktizierte er in diesen Augenblicken, ohne es zu merken, die Einsichtsmeditation, die auf die reine Aufmerksamkeit abzielt. Nach einer Weile war er zum Meister des achtsamen Essens geworden – des Schmeckens statt Schlingens und Fühlens statt Denkens. Die Kategorien wie »lecker« und »unappetitlich« oder auch »gut« und »schlecht«, in denen er vorher gedacht hatte, lösten sich mit der Zeit auf. Für ihn, der es gewohnt gewesen war, zusätzlich zu den drei regelmäßigen Mahlzeiten alles in sich hineinzustopfen, was ihm an Essbarem in die Hände fiel, erwies sich das Leben mit nur einer Mahlzeit täglich als allerbeste, intensivste Meditation überhaupt. Allmählich verschwanden dabei auch die Ängste und Niedergeschlagenheit, unter denen er gelitten hatte. Sie fanden einfach keinen Raum in seinem Denken – und all das, weil er sich so karg ernährte.

Steckte ihm etwa ein Bauer eine Pflaume zu, hielt er sie in der Hand und betrachtete ihre glänzende Haut, Form und sanfte Wölbung. Während er das tiefe Rot bewunderte, das von ihrer Reife kündete, stellte er sich vor, wie diese Pflaume als Teil des großen Ganzen mit der Welt verbunden war. Er war dankbar für das warme Sonnenlicht, die Energie des Bodens, die Wolken, die es hatten regnen lassen, die Sterne am Nachthimmel und den Bauern, der diese Pflaume mit seiner Hände Arbeit hatte heranreifen lassen. In dieser kleinen Frucht war die Essenz der ganzen Natur und des gesamten Kosmos vereint. Sie zu essen bedeutete, all das in sich aufzunehmen. Wenn er sie mit den Lippen berührte, ertastete er ihre Oberfläche. Er genoss das Geräusch, wenn er hineinbiss, und die Süße und das Aroma des Safts, der ihm in den Mund lief. So nahm er beim Essen einer Pflaume nur die Momente des Glücks, der Ruhe, der Freude und Zufriedenheit wahr, ohne Beurteilung von Gut oder Schlecht.

Der Vipassana-Lehrer Wu Bandida erklärt die Einsichtsmeditation so: »Erstens: Es gibt nichts Oberflächliches.« Wenn du nur einmal am Tag zu essen bekommst und nicht entscheiden kannst, was es ist, wirst du nicht wählerisch sein. »Zweitens: Die ganze Aufmerksamkeit gilt der Nahrung.« Bei nur einer Mahlzeit am Tag wirst du da die Augen von den Pflaumen, Bananen, Feigen und gebratenen Froschschenkeln abwenden, die Gott dir in die Schale legt? »Drittens: Genieße jeden Bissen mit ganzem Herzen.« Wenn du kostbare Nahrung in deiner Schale hast, wendest du dich eher ihr als deinem Gefährten zu. »Viertens: Einsichtsmeditation bringt Achtsamkeit hervor.«

Nach einiger Zeit kehrte der Amerikaner in seine Heimat zurück, wo er weiterhin Vipassana praktizierte und die göttliche Erfahrung des achtsamen Essens auf sein gesamtes Handeln übertrug. Was er auch tat, er befolgte die Regeln der Achtsamkeit. Ob er ging, arbeitete oder anderen Menschen begegnete – in dem Bewusstsein, dass dies der einzige Moment war, der ihm im Jetzt geschenkt wurde, blieb er konzentriert und wach. Aus dieser inneren Haltung heraus lehrte er in den USA über 20 Jahre lang die Praxis der Achtsamkeit.

Während seines Aufenthalts im thailändischen Dschungel hatte er mit nur einer Mahlzeit am Tag nicht nur seinem Körper die nötige Nahrung gegeben, sondern auch seinen Geist und seine Seele genährt. In dieser Zeit begriff er, dass der Reichtum der Seele eine Frage der Wachheit im Augenblick ist und es nicht auf die Handlung selbst ankommt. Dadurch, dass er wirklich achtsam war, entdeckte er, welch große Freude er allein durch die Konzentration auf eine Sache empfand, ganz gleich, ob er nun aß oder ging oder atmete.

Mumyeong, der Namenlose
Die Frucht des Gehorsams

Ich war außer Haus gewesen, und als ich zurückkam, stand ein unkonventionell gekleideter, langhaariger Typ von Anfang 20 vor meinem Tor. Ich wusste nicht, woher er meine Adresse hatte, aber er eröffnete mir, stundenlang auf mich gewartet zu haben, weil er bei mir das Meditieren lernen wolle. Er sei auf der Suche nach der Wahrheit. Sie zu finden sei sein Lebensziel.

Ich erwiderte, dass ich nicht viel über Meditation wisse. Er solle lieber in einen Tempel gehen oder sich an ein Meditationszentrum wenden. Er aber wollte mir nicht zuhören. Was ich mir auch an Argumenten einfallen ließ, um zu untermauern, dass ich als Meditationslehrer ungeeignet sei, weil mir die Erleuchtung fehle – er gab nicht auf. Ein hartnäckiger Bursche! Also musste eine andere Taktik her.

Ich fragte ihn, ob er mich an den Ort begleiten wolle, wo ich des Öfteren meditierte, was er natürlich bejahte. Kurze Zeit später saßen wir im Auto, und ich fuhr ihn in halsbrecherischem Tempo zur Insel Nanjido, die ungefähr eine Stunde von meiner Wohnung entfernt liegt. Mittlerweile hat sie sich in einen

Ökopark mit Blumen und Bäumen verwandelt, damals aber war sie noch eine riesige Mülldeponie, auf der sich der Abfall von ganz Seoul türmte. Etwas verwirrt stieg der junge Mann aus, und ich brauste davon. Er hatte keine Zeit zu reagieren und blieb an der stinkenden, schmutzigen Halde zurück. Irgendwie tat er mir zwar leid, aber ich hoffte, ihn mit dieser Aktion so abzuschrecken, dass er mich in Ruhe lassen würde.

Da hatte ich mich allerdings getäuscht. Mitten in der Nacht klingelte es, und als ich die Tür öffnete, stand er da, völlig erschöpft und verstaubt. Er war stundenlang zu Fuß gelaufen, den ganzen Weg von der Insel zurück. In diesem Zustand konnte ich ihn schlecht wegschicken, also nahm ich ihn für diese eine Nacht bei mir auf. Mit einer Nacht aber war es nicht getan. Er lebte zwei Jahre bei mir. Jedes Mal, wenn ich ihn morgens vor die Tür setzen wollte, bettelte er, bleiben zu dürfen. Er würde alles dafür tun, denn es gäbe keinen anderen Ort, an den er sonst gehen könnte.

So konnte es nicht weitergehen! Ich hatte lange Haare, und wenn sich ein zweiter Langhaariger bei mir im Haus einquartierte, würden die Leute uns für eine Rockband halten. Also sagte ich ihm, er müsse seinen Kopf glatt rasieren, wenn er bei mir bleiben wolle. Im Nu ergriff er eine Schere und schnitt sich damit tatsächlich die Haare ab. Mir blieb nichts anderes übrig, als ihn zum Friseur zu schleppen, um die Rasur dort vollenden zu lassen. Als ich den bläulich schimmernden Schädel meines Mitbewohners sah, tat er mir leid, obgleich es ihm selbst gar nichts auszumachen schien.

Dann bat er mich, ihm einen neuen Namen zu geben, und so taufte ich ihn, ohne lang nachzudenken »Mumyeong«, was so viel wie »namenlos« bedeutet. Von meinen Besuchern wurde er wahlweise Anonymus oder Nemo genannt. Mumyeong übernahm alle lästigen Haushaltspflichten. Er fungierte als Türsteher, der Fremde abwimmelte, und hütete mein Haus, wenn ich auf Reisen ging. Er übernahm es, sich um den Hund zu kümmern, die Pflanzen zu gießen und im Hof Unkraut zu jäten.

Er war Hausmeister, Dienstbote, Gepäckträger und stummer Gefährte. Weil ich Small Talk hasste, hatte auch er kaum Gelegenheit zu reden. Obwohl ich es nie von ihm verlangt hatte, ging er nie vor mir schlafen. Weil ich ein nachtaktiver Mensch bin, kam er darum nie vor den frühen Morgenstunden ins Bett. Trotzdem stand er in aller Herrgottsfrühe auf, um Wasser von der Heilquelle auf einem nahe gelegenen Hügel zu holen und die Wohnung und den Hof zu kehren.

Beim Meditieren duldete ich ihn nicht in meiner Nähe, sodass er nichts darüber erfuhr. Gebetsmühlenartig riet ich ihm, woanders hinzugehen, wenn er es lernen wolle. Selbst wenn Leute zu mir kamen, um über spirituelle Themen zu reden und ihre Erkenntnisse zu diskutieren, saß Mumyeong nicht etwa mit dabei. Seine Aufgabe war, die Gäste zu bedienen.

Unsere Trennung kam unerwartet und plötzlich, was mit meinem Entschluss zusammenhing, Seoul den Rücken zu kehren und auf die Insel Cheju zu ziehen, weil mich einiges an meinem alten Leben störte und mich einige meiner Bekannten enttäuscht hatten. Es war eine spontane Entscheidung. Ich hatte

kaum Geld, weil ich meine Ersparnisse verliehen und nicht zu-
rückbekommen hatte. Bei unserem Abschied konnte ich meinem Mitbewohner also noch nicht einmal einen angemessenen
Lohn für seine Dienste anbieten, wobei er ohnehin kein Geld
von mir genommen hätte. Mir blieb also nichts anderes übrig,
als ihm das wenige, das ich erübrigen konnte, in seine Tasche zu
legen. Wir umarmten uns kurz, dann drängte der Fahrer des
Umzugswagens zum Aufbruch. Als ich losfuhr, sah ich mich
nicht einmal um. Ich ließ ihn einfach stehen – vor dem Tor, das
nun der Eingang zum Haus anderer Leute geworden war.

Die Jahre vergingen, und gelegentlich dachte ich an Mumyeong,
wobei mir jedes Mal auffiel, dass ich nichts über ihn wusste. Ich
neige nicht dazu, anderen viele Fragen zu stellen, aber ich konnte mich noch nicht einmal an seinen richtigen Namen erinnern. Er war die ganze Zeit »Nemo« gewesen, und das Einzige,
was ich wusste, war, dass er als Kind seine Mutter verloren hatte
und bei seiner Großmutter mütterlicherseits aufgewachsen war.
Das war alles. Anfangs war ich ja immer davon ausgegangen,
dass er sich am nächsten Tag oder in der nächsten Woche wieder auf den Weg machen würde. Ich hatte nicht ahnen können,
dass am Ende zwei Jahre daraus wurden.

Selbst als wir uns verabschiedeten, brachte ich es nicht fertig
zu fragen, wohin er nun gehen würde oder wie ich ihn erreichen
könnte. Es gibt Zeiten, in denen alles ungewiss ist, und in dem
Moment hätte ich ihm keine feste Adresse von mir geben können.
Wir gingen auseinander, ohne an ein Wiedersehen zu denken.

Einmal war Mumyeong im Winter draußen, um Schnee vom Hof zu fegen. Zum Spaß bewarf ich ihn mit einem Schneeball und traf ihn am Kopf, was ihn aber nicht davon abhielt, schweigend mit der Arbeit fortzufahren. Ein andermal warf ich ihm aus einem Versteck eine vom Baum gefallene Persimone nach, was er nur mit einem Grinsen quittierte. Da ich außer solch kleinen Episoden keine Erinnerung an ihn hatte, dachte ich immer seltener an ihn und irgendwann vergaß ich ihn ganz.

Jedoch öffnete ich von da an stets meine Tür, wann immer Leute kamen und darum baten, von mir als Schüler aufgenommen zu werden. Vielleicht lag es ein wenig an meinem schlechten Gewissen gegenüber Mumyeong, aber allmählich ging es in meiner Wohnung zu wie in einem Taubenschlag. Menschen kamen und gingen. Keiner blieb lange. Ging einer, nahm ein anderer seinen Platz ein, aber niemand vermochte die Leere zu füllen, die Mumyeong hinterlassen hatte.

Ungefähr 15 Jahre später traf ich ihn zufällig wieder. In der Nähe des Viertels Insa-dong in Seoul sah ich auf der gegenüberliegenden Straßenseite einige buddhistische Mönche vorbeigehen. Einer davon war er. Wir erkannten uns sofort wieder, was zumindest für mich nicht schwierig war, weil er wie früher den Schädel kahl rasiert hatte. Wir fassten uns bei den Händen und brauchten nichts zu sagen. Wir lächelten bloß, aber uns beiden standen Tränen in den Augen.

Trotz seines unveränderten Äußeren war er nicht mehr der Mann, den ich von früher kannte. Ich konnte fühlen, dass er sehr an Tiefe gewonnen hatte. Er strahlte spirituelle Reife und geistige Stärke aus, ohne ein Wort darüber verlieren zu müssen. Jeder konnte es spüren. Wir fragten nicht einmal nach unserem gegenseitigen Befinden. Wir sahen einander nur an und hielten uns bei den Händen. Da riefen seine Mitbrüder, die in einigem Abstand warteten, »Mönch Mumyeong!« Es war Zeit für ihn zu gehen.

Ich weiß nicht, ob »Mumyeong« sein buddhistischer Name oder ein Spitzname ist, aber er wurde immer noch so genannt. Diesmal war er es, der mich auf der Straße stehen ließ, nachdem er die Hände im Gebetsmudra vor die Brust gehoben und den Kopf zum Abschied geneigt hatte.

Ich bin im Leben vielen Meistern begegnet und beherzigte ihre Lehren, aber nie bin ich ihnen mit Mumyeongs hingebungsvoller Gehorsamkeit gefolgt. Statt mein Ego zu unterwerfen, setzte ich meinen Intellekt als Waffe ein, um es zu erhalten. Ich wusste nicht, dass dem Menschen durch die Erniedrigung des Selbst Gnade zuteilwird. Zerbricht ein Ei durch äußere Krafteinwirkung, endet das Leben, das es birgt, sehr schnell. Wird die Schale hingegen von innen durchbrochen, entlässt sie neues Leben in die Welt. Großes beginnt immer von innen heraus.

Hierzu die folgende Geschichte: In frühchristlicher Zeit zog sich eine Gruppe von Mönchen zum Meditieren in die Wüste zurück. Ein kleinwüchsiger Mann namens Johann schloss sich ihnen an, um bei ihrem Abt, der als Priester hohes Ansehen genoss, in die Lehre zu gehen. Wegen seiner zwergenhaften Gestalt zogen ihn die anderen Mönche ständig auf. Da schnitt der Abt eines Tages einen Zweig von einem Baum, steckte ihn in die Erde und wies Johann an:

»Hole jeden Tag Wasser aus dem Brunnen und gieße diesen Baum, bis er Früchte trägt.«

Weil der Brunnen so weit weg war, kam Johann erst im Morgengrauen zurück, wenn er abends Wasser holen ging. Ohne Ausnahme schleppte er dennoch jeden Tag das kostbare Nass herbei. So fing der Zweig tatsächlich an auszutreiben und Knospen zu bilden, und nach drei Jahren trug er die ersten Früchte.

Der Abt pflückte eine davon und hielt sie den Mönchen hin. »Kommt«, lud er sie ein. »Kostet von der Frucht des Gehorsams.«

Voller Demut hatte Johann sein Ego hintangestellt und war Wasser holen gegangen. In Wahrheit hatte er nicht den Baum gewässert, sondern sich selbst. So wurde aus ihm ein noch berühmterer Lehrer, als der Abt es gewesen war. Es heißt, der Baum des Gehorsams sei noch heute in einem ägyptischen Wüstenkloster zu bewundern.

Verschiebe nicht auf morgen, was du heute kannst besorgen

Die Weisheit des Ramayana

Ayodhya in Nordindien war als Hauptstadt des alten Kosala-Königreichs eine hoch entwickelte Stadt. Vor 1900 Jahren kam Prinzessin Suriratna aus diesem Land in das alte koreanische Königreich Gaya, heiratete König Suro und wurde Kaiserin Heo. Dadurch wurde ihre Heimat uns Koreanern bekannt. Nach der alten Veda wurde die Stadt Ayodhya von Gott Brahma gegründet und als ein Ort gepriesen, der sich an Reichtum mit den Städten des Himmelreichs messen konnte.

Ayodhya ist der Geburtsort von Prinz Rama, dem Helden des indischen Nationalepos Ramayana. Dieses beginnt mit der Geschichte von König Dasharatha, der von Ayodhya aus regierte. Dasharatha war ein hervorragender Krieger, der in zehn Richtungen gleichzeitig kämpfen konnte, sodass der Eindruck entstand, er würde mit zehn Streitwagen angreifen. Darum auch sein Name: Dasharatha ist eine Wortbildung aus »das« (zehn) und »rata« (Streitwagen).

Dasharatha war im Kampf gegen den Teufel ein derart wertvoller Krieger, dass sogar der Himmel ihn um Beistand bat, aber er hatte keinen Sohn, der ihm auf den Thron hätte nachfolgen

können. Um Gott gewogen zu machen, brachte er ein Pferde-
opfer dar, und seine Bitte wurde tatsächlich erhört: Seine drei
Gattinnen gebaren ihm insgesamt vier Söhne, von denen Rama
der älteste war.

Die Familie verbrachte friedliche und glückliche Tage in
Ayodhya, bis Dasharatha eines Tages beim Blick in den Spiegel
auffiel, dass ihm seine Krone schief auf dem Kopf saß – ein Zeichen dafür, dass es Zeit wurde, seinen Thron an einen Nachfolger zu übergeben. Nach reiflicher Überlegung beschloss er darum, sich aus der Regentschaft zurückzuziehen und sich fortan
der Meditation zu widmen. Er erklärte seiner Erstfrau, Königin
Kausalya:

»Wir haben unseren Teil zur Bewahrung dieses Königreichs
beigetragen. Überlassen wir das Land nun Prinz Rama, und ziehen wir uns zurück.«

Königin Kausalya, die Ramas Mutter war, pflichtete ihm bei:
»Ihr seid ein weiser und kluger Mann, und ich begrüße eure Entscheidung. Lasst uns die Krönungszeremonie möglichst bald ab-
halten, aber ruft bitte erst den Weisen Vashisht. Er wird euch
sagen, wann der beste Tag dafür ist.«

Der König bestellte den Weisen unverzüglich zu sich und zog
ihn zurate.

»Bitte, sagt mir, welches ist der glücklichste Tag und welche
Stunde die günstigste, um Rama zu krönen.«

Da antwortete Vashisht, der ein Meister der Astrologie war:
»Es gibt keinen besonderen Glückstag für etwas derart Wichtiges wie eine Thronübergabe. Am besten, ihr vollzieht den

Schritt sogleich. Der Moment, in dem Prinz Rama die Krone auf dem Haupte trägt, wird der günstigste Zeitpunkt sein und dieser Tag ein Glückstag.«

»Ihr habt recht«, stimmte der König zu. »Der Tag, an dem Rama König wird, ist der glücklichste Tag und der beste Augenblick. Dennoch müssen wir die Feierlichkeiten vorbereiten. Sie sollen schließlich die prächtigsten sein, die Ayodhya je gesehen hat. Und es ist meine Pflicht, die Könige der Nachbarländer zur Krönung einzuladen.«

Darauf entgegnete der Weise: »Einen besonders günstigen Tag gibt es auch hier im Grunde nicht. Es gilt zu verhindern, dass aufgeschoben wird, was keinen Aufschub duldet und so gestattet mir, euch an das alte Sprichwort zu erinnern: Was du heute kannst besorgen, das verschiebe nicht auf morgen. Niemand weiß, was morgen geschieht, wenn wir nicht heute handeln. Und so lautet mein Rat: Feiert die Krönung von Prinz Rama gleich jetzt.«

Der König nickte nachdenklich. »Ich verstehe, was ihr meint«, sagte er. »Aber gebt mir einen Tag Zeit. Morgen soll die Krönung sein.«

Wer das Ramayana kennt, weiß, wie die Geschichte weitergeht: Die Krönung von Prinz Rama, die eigentlich am nächsten Tag hätte stattfinden sollen, ließ 14 Jahre auf sich warten, und der König erlebte sie nicht mehr. Und das alles nur, weil er den Ratschlag des Weisen nicht befolgte.

Wie es dazu kam, beschreibt das Hindu-Epos so: Für den nächsten Tag ließ König Dasharatha die Straßen schmücken und lud die Könige der benachbarten Reiche ein. Doch ausgerechnet in dieser Nacht bedrängte ihn seine dritte Ehefrau, Kaikeyi, die sich bis dahin nie eifersüchtig oder neidisch gezeigt hatte, und erinnerte ihn an das Versprechen, das er ihr bei ihrer Hochzeit gegeben hatte: ihr zwei Wünsche zu erfüllen, welche auch immer es sein mögen. Und nun verlangte sie, dass ihr Sohn Bharata den Thron besteigen und Prinz Rama 14 Jahre lang in den Dschungel verbannt werden solle. Der König bereute sein Versprechen sehr, aber brechen konnte er es nicht.

Rama akzeptierte sein Los und ging mit seiner Gattin Sita in den Dschungel. Der König grämte sich so sehr über die von ihm ausgesprochene Verbannung, dass er kurz darauf starb. Nach turbulenten Abenteuern kehrte Rama 14 Jahre später nach Ayodhya zurück und bestieg den Thron. Das Ramayana beschreibt die schicksalhaften Wendungen, die die Verschiebung der Krönungszeremonie um nur einen einzigen Tag zur Folge hatte. Dabei wird deutlich, dass für uns alle heute und nicht irgendein anderer Tag immer der allerwichtigste ist. Wie viele Dinge in unserem Leben haben wir nicht beendet, weil wir sie um einen Tag aufgeschoben haben?

Der Oktopus spricht
Eine heilende Begegnung

Es gibt Zeiten, in denen es plötzlich keinerlei Gewissheiten mehr gibt. Man meint, auf festem Boden zu stehen, aber dann merkt man auf einmal, dass man auf einem schwankenden Seil balanciert, das sich quer über den Abgrund spannt. Mir erging es so, bevor ich nach Cheju ging. Das, was meinem Leben bis dahin Sinn gegeben hatte, verlor plötzlich seinen Glanz, und ich hatte kein Ziel mehr vor Augen – bis ich auf Einladung eines Lesers eine Reise nach Cheju unternahm. Ich genoss die Luft und die Landschaft, verliebte mich in die Insel, wickelte mein Leben in Seoul ab und besorgte mir eine Unterkunft in Seogwipo.

Die Anfangszeit war mühsam, und das nicht etwa, weil es mir am Willen gefehlt hätte, mich an dem unbekannten Ort einzuleben. Meine Seele war einfach zermürbt. Nur wenige Leute kamen damals auf die Insel, um sich dort niederzulassen, und da ich in der fremden Umgebung keine Menschenseele kannte, fühlte ich mich einsam. Es war niemand da, mit dem ich hätte reden können. Den ganzen Tag am Ufer entlangzuwandern, um die Leere zu füllen, wurde mir zur Routine. Ich lief und lief, während ich zuschaute, wie langsam die Flut kam, wie sich am Himmel

Wolken sammelten und wieder zerstreuten oder wie die rote Sonne hinter dem Horizont unterging. Da dies eine Insel war, konnte ich laufen, solange ich wollte – das Ufer endete nie.

Es war auf einem dieser Spaziergänge, es fing bereits an, dunkel zu werden, und die Ebbe zog das Meer vom Ufer weg. Da sah ich einen Mann mit einer Fackel im Wasser stehen. Er hatte seine Hose bis zu den Knien hochgekrempelt und stand regungslos im Gezeitenstrom. Ich wunderte mich und war neugierig. Als ich mich ihm näherte und ihn fragte, was er da mache, sagte er leise, er fange Oktopusse.

Ich verstand nicht recht. Da gab er mir ein Zeichen, auch ins Wasser zu kommen, und er drückte mir die in Leinöl getränkte Fackel in die Hand. Wenn ich ganz stillstünde und das Wasser beobachte, könne ich die Tiere sehen, die zwischen den Felsen lauerten.

Er ließ mich mit meinen Fragen allein und suchte sich ein Stück entfernt eine neue Stelle. Nach nicht einmal zehn Minuten streifte mich plötzlich etwas am Fuß. Es war tatsächlich ein Oktopus! Das Tier streckte seine langen Arme nach mir aus und betastete meine Füße, als wolle es sich erkundigen, wer ich bin.

Wie kann ich je den Nervenkitzel dieses Augenblicks vergessen? Das Meer sprach mit mir durch einen jungen Oktopus. Ich wollte ihm irgendetwas erwidern, aber in diesem Augenblick war die menschliche Sprache nutzlos und nichtssagend. Ich wagte nicht, nach dem Tier zu greifen, und stand einfach da, wobei sich in meinem ganzen Körper ein Gefühl von Freude ausbreitete. Und obwohl die Begegnung nur wenige Sekunden dauerte, reichte der Kontakt mit dem Tier aus, und meine Einsamkeit war wie weggeblasen. Einsam zu sein heißt, dass man die Verbindung zur Außenwelt verloren hat. In diesem Moment aber fühlte ich mich durch den Oktopus mit dem Meer, ja mit dem ganzen Universum verbunden.

Im Altertum betrachtete man Schönheit nicht nur als etwas, das die Augen erfreut, sondern als eine Erfahrung, die Herz, Geist und Seele berührt. Genau das tat der Oktopus, bevor er schließlich im nachtschwarzen Wasser verschwand. Er streifte mir zwar nur um die Füße, doch ich spürte es vom Kopf bis zu den Zehenspitzen.

Noch zwei Jahre lebte ich in Seogwipo, bevor ich an Körper und Seele genesen nach Seoul zurückkehrte. Die Begegnung mit dem jungen Oktopus markierte den Beginn meiner Heilung. Das Meer existiert heute an dieser Stelle nicht mehr. Dort, wo der Oktopus meine Füße mit den Spitzen seiner Tentakel erforschte, ist mittlerweile aus Hunderten von Lastwagenladungen Beton ein riesiger Marinestützpunkt entstanden. Vor dieser geballten Zerstörungskraft suchten die langarmigen Tiere das Weite. Wir tun der Natur, die uns genesen lässt, Gewalt an und fügen ihr aus Ignoranz irreversible Schäden zu. Wohin sollen wir uns in Zukunft wenden, um Heilung zu finden?

Hühner zählen
Rechtfertigt unser Leben das Opfer?

Rachel Naomi Remen, eine Pionierin der integrativen Medizin, zog nach dem Tod ihres Vaters zu ihrer damals 88-jährigen Mutter. Diese hatte Herzprobleme und brauchte jemanden, der sich um sie kümmerte. Nicht nur die körperlichen Einschränkungen, sondern auch die atheistischen Einstellungen ihrer Mutter bereiteten Rachel Sorgen: Wie kann ein Mensch einmal friedlich sterben, wenn er nicht im Rückblick auf sein Leben kraft seines Glaubens anderen vergeben und selbst Vergebung finden kann? Kann er nicht nur dann den Sinn des Lebens erkennen und die Augen beruhigt für immer schließen? Aber Rachels Mutter hielt Religion für Aberglauben.

Um die Mutter zu einer Änderung ihrer Haltung zu bewegen, schlug Rachel ihr vor, jeden Morgen eine Viertelstunde gemeinsam zu meditieren. Obwohl sie mit dem Gedanken, in die Stille zu gehen, nichts anfangen konnte, ließ sie sich auf den Vorschlag ein. Wenn Rachel jedoch gelegentlich die Augen öffnete, sah sie, dass ihre Mutter liebevoll ihr Gesicht betrachtete, anstatt zu meditieren.

Irgendwann kam Rachel zu dem Schluss, das Ganze sei

Zeitverschwendung, und fragte ihre Mutter, ob sie nicht mit dem Meditieren aufhören sollten. Davon aber wollte die alte Dame nichts wissen. Es sei ihr eine Freude, jeden Morgen eine Viertelstunde ihre Tochter anzusehen. Da gab Rachel es auf, sie bekehren zu wollen.

Eines Abends nach dem Essen bekam sie aber sehr zu ihrer Freude mit, wie ihre Mutter über eine Stunde lang von sich aus mit geschlossenen Augen im Wohnzimmer saß. Nachdem sie sich überzeugt hatte, dass sie nicht schlief, gesellte sie sich zu ihr und meditierte mit ihr gemeinsam. Nach einer ganzen Weile öffnete ihre Mutter die Augen und sah Rachel an. Auf die Frage, was sie gerade getan habe, antwortete sie lächelnd: »Ich habe Hühner gezählt.«

Rachel glaubte, ihre Mutter sei nun endgültig um den Verstand gekommen, und schaute sie betreten an. Da erklärte ihr die alte Dame lachend, beim Abendessen sei ihr beim Anblick des Hühnchens auf ihrem Teller plötzlich bewusst geworden, dass sie ihr Leben lang ein- bis zweimal pro Woche Huhn gegessen habe. Also habe sie begonnen auszurechnen, wie viele Hühner das gewesen seien – 2 Vögel mal 52 Wochen mal 84 Jahre, das seien über 8000.« Nachdenklich fügte sie hinzu: »So viele unschuldige Leben!«

Sie habe sich gefragt, ob sie so gelebt habe, dass es all diese vielen Opfer wert gewesen sei, und so habe sie ihre Vergangenheit Revue passieren lassen – die Enttäuschungen, die sie erlebt hatte, und auch manch harte Prüfung, die sie bestehen musste; und auch die Momente, in denen sie andere, ohne es zu wollen, verletzt habe. Mit verschmitztem Lächeln schaute sie ihre Tochter an und fügte hinzu: »Aber ich bin weder falsch noch zänkisch gewesen. Ich glaube schon, dass mein Leben die ganzen Hühner wert gewesen ist.«

Es gibt keine gravierendere Gewissensentscheidung als diese. Wie viele Hühner, Kühe und Schweine essen wir im Laufe der Jahre? Wie viele unschuldige Tiere müssen jeden Tag für uns ihr Leben lassen. Keine Meditation ist wichtiger als das Reflektieren über die Frage, ob wir so leben, dass diese Opfer gerechtfertigt sind. Nur weil wir Menschen sind, ist das noch lange kein Grund, aus egoistischen Motiven schwächere Lebewesen einfach aufzuessen, ohne Mitgefühl oder Dankbarkeit zu empfinden.

Einmal war ich auf einer Trekkingtour in der Dolkha-Region im Osten Nepals unterwegs, als wir uns auf unserem Weg von einem Bergdorf zum nächsten Bergdorf verirrten. Selbst unser eigentlich erfahrener Sherpa wusste die Richtung nicht, da diese Route neu für ihn war. Wir hatten zwei Berge überquert, als gegen Abend endlich ein Dorf in Sicht kam. Den ganzen Tag hatten wir nichts gegessen.

Als wir die ersten Häuser erreichen, sahen wir eine kleine Ziege, die an einem Zaun zum Grasen angebunden war. Der hungrige Sherpa fing sofort mit dem Besitzer zu verhandeln an. Er solle das Tier für uns schlachten und zubereiten. Ich verstehe immer noch nicht, warum ich nicht eingeschritten bin. Wir drohten nicht vor Hunger zu sterben, und unser Urteilsvermögen war auch nicht durch Höhenkrankheit getrübt. Es hätte genügt, irgendein anderes Essen zu bekommen. Ich war entsetzt, in welcher Windeseile uns die Ziege aufgetischt wurde, und musste daran denken, wie sie mich aus großen blauen Augen unschuldig vom Zaun her angesehen hatte. Diese schockierende Begebenheit ist mir lange im Gedächtnis geblieben.

Wie viele Tiere verzehren wir im Laufe unseres Lebens? Wir leben auf Kosten von Geschöpfen, die die gleiche Daseinsberechtigung haben wie wir und sich auch nur nach Glück sehnen. Wir sind ihnen schuldig, unser Leben sinnvoll zu gestalten, damit ihr Opfer nicht umsonst ist. Irgendwann werden sie uns im Traum erscheinen und fragen, ob wir uns ihrer würdig erwiesen haben.

Aus der Tradition des Sikhismus stammt die folgende Geschichte: Ein spiritueller Lehrer rief zwei Schüler zu sich in die Hütte, um unter ihnen einen Nachfolger zu bestimmen. Er gab jedem ein Huhn und sagte:»Geht an einen Ort, an dem niemand euch zusieht, tötet das Huhn und bringt es mir zurück.«
Der eine Schüler ging geradewegs hinter die Hütte, drehte dem Huhn den Kragen um und brachte es ihm zurück. Der andere wanderte stundenlang umher und kehrte schließlich unverrichteter Dinge zurück. Als der Meister fragte, was passiert sei, erwiderte der Schüler:
»Ich habe keinen Ort gefunden, an dem ich das Tier hätte töten können, ohne dass mir jemand dabei zugesehen hätte. Wohin ich auch ging, dieses Huhn hat mich immerzu angeschaut.«

Wir gehen Beziehungen zu anderen nicht nur ein, um in ihnen unsere persönliche Ergänzung zu finden, sondern vor allem, weil wir nur in ihnen unseren eigentlichen Wert erkennen können. Mit den Beziehungen, die wir knüpfen, gleichen wir nicht nur unsere Unzulänglichkeiten aus, wir erfahren in ihnen auch die Vollkommenheit unseres Wesens. »Du bist ein besonderer Mensch, denn du machst mich perfekt.« Ob unser Leben sinnvoll ist oder nicht, hängt von unseren Ich-Du-Beziehungen ab.

Im Dunkeln lernen die Augen zu sehen

Priesterinitiation bei den südamerikanischen Kogi

In den nördlichen Ausläufern der Anden, an den Abhängen der Sierra Nevada de Santa Marta in Kolumbien, lebt auf einer Höhe von etwa 5900 Metern über dem Meeresspiegel das Volk der Kogi, das standhaft jeglichen Kontakt mit der Außenwelt verweigert und insbesondere Europäer meidet. Dort kennt man eine besondere Tradition: Die Priester, Mámas genannt, finden anhand von wahrsagerischen Praktiken heraus, wann eine Mutter ein zum Priester bestimmtes Kind bekommt. Sobald dieses zur Welt gekommen ist, wird es in eine Höhle hoch oben auf einem Berg gebracht.

Solange es im Säuglingsalter ist, bleibt die Mutter zwar in der Nähe, um es zu stillen und zu versorgen, aber aufgezogen wird es von den Priestern. Neun Jahre lang darf es die Höhle nicht verlassen und nicht ein einziges Mal die Sonne oder den Mond sehen. Es schläft tagsüber, nachts bleibt es wach und ernährt sich von einfacher Nahrung wie Pilzen, Zucchini und Bohnen. Priester erzählen ihm Geschichten von Aluna, der Großen Mutter, die die Welt erschaffen hat, und unterweisen es in Mythologie und den religiösen Ritualen. Wenn diese erste Phase der Ausbildung vorbei ist, kann das Kind wählen, ob es in sein Dorf zurückkehren oder in der Höhle bleiben und weiter lernen möchte. Wenn es sich für Letzteres entscheidet, bleibt es für weitere neun Jahre in der Höhle.

In dem dort herrschenden Dämmerlicht lernt das Kind, mit seiner inneren Stimme zu kommunizieren und seine Spiritualität zu entfalten. Es wird in die Geheimnisse von Himmel und Erde eingewiesen und erfährt von der Besonderheit und Schönheit der menschlichen Welt. Dabei fragt es sich, wie wohl die Bäume und Berge und die am Himmel fliegenden Vögel aussehen; wie es sich wohl anfühlen mag, wenn das Meerwasser den Körper umspült. Da es im Dunkeln zu sehen gelernt hat, entwickelt es die Hellsichtigkeit, die vom Geist geschaffenen Illusionen zu durchschauen.

Am Ende dieser 18 Jahre währenden harten Ausbildung tritt der Novize, wenn der Morgen über der Sierra hereindämmert, in Begleitung eines Priesters zum ersten Mal vor die Höhle. Auf einmal steht er der Welt, die für ihn bis dahin nur in der Vorstellung existierte, unmittelbar gegenüber. Was für ein Schock! Welche Überraschung und welch ein Wunder! Die in der Brise schwankenden Blätter, ihr Grün, das Moos auf den Felsen, die Vögel am taghellen Himmel, die Sonnenstrahlen auf der Haut und tausenderlei verschiedene Bäume und Pflanzen! Von Ehrfurcht überwältigt, wirft sich der junge Mann unvermittelt vor Aluna, der Großen Mutter, auf den Boden. So begreift er die göttliche Natur der Welt für immer mit dem Herzen, und er wird als Stammespriester anerkannt. Als Bindeglied zwischen dieser und der spirituellen Welt wird es von nun an seine Aufgabe sein, seinem Stamm das Göttliche näherzubringen.

In diesem Kogi-Ritual steckt für mich noch eine andere Bedeutung. In Zeiten des Leids fühlt es sich so an, als wären wir in einer dunklen Höhle gefangen. Das Licht der Hoffnung erreicht uns nicht, und wir finden keinen Zugang zu den Freuden der äußeren Welt. Diese Erfahrung lässt uns reifen. So wie die Kogi-Novizen so lange in der Dunkelheit bleiben, um ihr Sehvermögen zu schärfen, geben uns die Stunden der Dunkelheit und Qual einen tiefen, weiten Einblick in das Leben. Es ist schwierig, Tiefgründigkeit zu entwickeln, wenn man sich nur im Hellen bewegt.

Schmerz veranlasst uns zum Rückzug in eine Art Höhle, und wir meinen, für alle Zeit vom Licht der Außenwelt abgeschnitten zu sein. Wir glauben, das Leben sei zu Ende. Nachdem wir diese Zeit durchgestanden haben, treten wir jedoch eines Tages ins Licht der Frühlingssonne hinaus und sehen, wie ringsum alles grünt und blüht und die Schmetterlinge flattern. Wir schöpfen Kraft aus dem Anblick einer unscheinbaren Blume, die sich durch einen Felsspalt schiebt, und fragen uns, wie sie dort hat Wurzeln schlagen können. Allein für dieses Erwachen, für diese neue Begegnung mit der Welt, lohnt sich die Zeit in der Dunkelheit. Die Meditation in der uns vom Leben auferlegten Finsternis gibt uns die Chance zur Selbsterfahrung, zur inneren Läuterung und Einswerdung. Wir verschmelzen mit dem Göttlichen in uns. Das ist das Geheimnis der Seelenqual.

Máma, wie man einen Priester bei den Kogi nennt, bedeutet

Geistlicher und Heiler zugleich. Wer die Prüfung der Finsternis nicht durchläuft, kann die dunklen Seiten der Menschen nicht heilen. Verletzungen und Schmerz dienen als Brücke zwischen oberflächlichem Wissen und tiefgründiger Weisheit.

Das englische Wort für »Segen« lautet »blessing«, abgeleitet vom Französischen »blesser«, was so viel wie »verletzen« bedeutet – eine schöne Beschreibung dafür, wie eng Segen und Schmerz zusammenhängen. Wir müssen uns ab und zu in eine dunkle Höhle zurückziehen und Momente der Verzweiflung durchleben, um anschließend vor den Wundern und der Schönheit des Lebens niederzuknien. Viele spirituelle Heiler sind vom Schicksal hart auf die Probe gestellt worden, bevor sie schließlich aus der Höhle in die Welt hinaustraten. Es gibt Dinge, die wir bei allzu grellem Licht nicht sehen können.

Wenn es zu dunkel zum Sehen ist, fängt das Licht in unserem Inneren zu strahlen an. Um es mit dem Dichter Theodore Roske zu sagen:

»Erst in der Dunkelheit beginnen die Augen zu sehen.«

Der gesprungene Diamant
Defekt mit schöpferischem Potenzial

Es war einmal ein König, der hatte ein kleines Reich und hatte im Gegensatz zu den großen Königen der Geschichte kein Talent zum Eroberer. Sein Territorium war überschaubar und das Staatsvermögen auch. Der König besaß jedoch einen besonderen Diamanten, der sich seit Jahrhunderten im Besitz seiner Familie befand und von Generation zu Generation weitervererbt wurde. Obwohl die Herkunft des Steins unbekannt war, handelte es sich um eine derart makellose Kostbarkeit, dass er von Experten aus aller Welt in den höchsten Tönen gepriesen wurde.

Damit jeder dieses Kleinod bewundern konnte, hatte der König eigens dafür eine Vitrine mitten in die Haupthalle des königlichen Palastes stellen lassen. Tag für Tag strömten Besucher herbei, um den Schatz mit eigenen Augen zu sehen und zu bestaunen. So kam es, dass allein der Besitz dieses Edelsteins dem Königreich Bedeutung verlieh.

Eines Tages aber kam eine der Wachen zum König gelaufen und teilte ihm mit, man habe einen Riss in dem Diamanten entdeckt, obwohl man ihn Tag und Nacht sorgsam bewacht habe, sodass niemand ihn berührt haben konnte. Der König und seine

Minister eilten herbei und begutachteten den Stein, und in der Tat: Wie der Soldat berichtet hatte, lief mitten hindurch ein Sprung.

Der König ließ sofort Juweliere aus dem In- und Ausland zu sich rufen, um den Edelstein zu inspizieren. Nach sorgfältiger Prüfung kam einer nach dem anderen zu dem Schluss, dass das Kleinod wertlos geworden war. Der Schaden sei irreparabel. Vor Schreck fiel der König in Ohnmacht und das Volk in tiefe Trauer. So gedrückt war die Stimmung im Reich, dass es Reisenden bloß noch als abgehalftertes, drittklassiges Land erschien, dessen Tage als unabhängiger Staat gezählt waren.

Nun begab es sich, dass inmitten dieser traurigen Zeit ein alter Mann im Palast vorsprach, der behauptete, Steinschneider zu sein. Nachdem er sich den Diamanten gründlich angesehen hatte, erklärte er voller Zuversicht: »Ich kann diesem Stein zu seinem alten Glanz verhelfen. Ja, ich kann ihn sogar noch schöner machen, als er war!«

Der König schaute den Alten misstrauisch an. Auch seine Minister zeigten sich skeptisch:

»Wir dürfen nicht zulassen, dass dieser Kerl unser Kleinod in die Hände bekommt. Er wird den Riss nur verschlimmern, und dann bleibt uns nicht einmal die Erinnerung an die vergangene Herrlichkeit. Und außerdem sieht er wirklich nicht wie ein Experte aus!«

Der alte Steinschneider aber blieb bei seiner Behauptung: »Wenn Ihr mir den Stein anvertraut, werde ich ihn perfekt restaurieren. In einer Woche bekommt ihr ihn zurück.«

Die Minister warnten, der Mann wolle den Edelstein nur an sich nehmen, um sich damit auf und davon zu machen.

Der König überlegte. Der Stein hatte zwar seinen Wert verloren, aber aus den Augen lassen mochte er ihn trotzdem nicht. So entschied er, das Angebot des alten Mannes unter der Bedingung anzunehmen, dass er im Palast bliebe, um die Arbeit auszuführen. Er ließ dem Steinschleifer eine Werkstatt einrichten und dafür sorgen, dass es ihm während seines Aufenthalts an nichts fehlte.

Nicht nur der König und seine Minister, das ganze Volk wartete mit angehaltenem Atem. Die sieben Tage zogen sich zu einer Ewigkeit hin.

Als der vereinbarte Tag gekommen war, trat der Steinschneider wie versprochen vor den König und überreichte ihm den Diamanten. Der traute seinen Augen nicht. Der Stein war schöner als je zuvor! Der alte Mann hatte den Makel nicht nur beseitigt, sondern etwas viel Faszinierenderes geschaffen, als je da gewesen war. Er hatte entlang des Sprungs einen Stängel herausgearbeitet, an dem lebensecht wirkende Rosen blühten, mitsamt Blättern und Dornen – die raffinierte, perfekte Arbeit eines Genies!

Überglücklich bot der König dem Alten an, bis an sein Lebensende im Palast zu bleiben, doch der lehnte mit den Worten ab:

»Was ich getan habe, ist nichts Besonderes. Ich habe lediglich die schöne Form des Sprungs genutzt.«

Jeder Mensch wird als makelloser, wunderschöner Diamant

geboren. Das Leben sorgt dafür, dass er mit der Zeit seine Risse bekommt. Die Kunst des Lebens besteht darin, dieses versehrte, verletzte Ich auf wundersame Weise immer wieder in neuem Glanz erstrahlen zu lassen – Kunst darum, weil es darum geht, mit ganzer Kreativität aus Fehlern und Mängeln etwas Neues zu erschaffen.

Eine Frau ging zur Psychologin. Auf den ersten Blick wirkte sie souverän, selbstbewusst und geradezu makellos. Kaum aber hatte sie Platz genommen, brach sie in Tränen aus. Als die Therapeutin auf sie zuging und ihre Hand nahm, schluchzte sie, bevor sie schließlich ihr tränenüberströmtes Gesicht hob und ratlos sagte:

»Es tut mir leid. Ich habe seit Jahren nicht mehr geweint, aber …«

Wie sich herausstellte, war ihr zwei Monate zuvor die linke Brust entfernt worden. Völlig überraschend hatte man bei ihr Brustkrebs diagnostiziert, und die Operation schien die bestmögliche Entscheidung. Der Eingriff war gut verlaufen. Dennoch war das alles für die unverheiratete Mittdreißigerin, die erfolgreich ihre Karriere vorangebracht hatte, wie ein Blitz aus heiterem Himmel gewesen. Es hätten sich immer viele Männer für sie interessiert, aber nun sei dies alles vorbei, sagte sie. Sie mochte ihren verstümmelten Körper niemandem zeigen.

In ihrer Firma wusste niemand von ihrer Operation. Nicht einmal ihren Eltern hatte sie Bescheid gesagt, sondern war ganz allein ins Krankenhaus gegangen. Der Grund dafür, sich nun therapeutischen Beistand zu suchten, war das Gewicht des Geheimnisses, das so schwer auf ihr lastete, dass sie jemanden brauchte, mit dem sie es teilen konnte.

Von nun an suchte sie die Therapeutin alle drei oder vier Monate auf. An ihrem Leben selbst änderte sich nichts. Was sich allerdings änderte, war ihre Einstellung zu Beziehungen und Ehe. Sie hatte sich nun ganz der Arbeit verschrieben. Die Frage, ob sie ihr ganzes Leben Single bleiben wolle, verneinte sie. »Ich werde nur fünf Jahre lang so leben. In fünf Jahren lasse ich mir ein Brustimplantat einsetzen.«

Ihr Arzt habe ihr geraten, mit einem Aufbau so lange zu warten, damit man über diesen Zeitraum besser beobachten könne, ob sich erneut ein Tumor zeigt. In fünf Jahren, sagte sie, werde sie wieder ein freies Leben führen können.

Als sie einige Monate vor dieser wichtigen Operation wieder zu ihrer Therapeutin kam, erzählte sie, dass sie bei einer Vernissage mit einem Maler ins Gespräch gekommen sei und sie sich gut verstanden hätten. Aber je näher sie sich kamen, desto größer wurde ihre Angst. Sie war überzeugt, ihre Beziehung würde enden, wenn sie ihm die Wahrheit sagte.

»Er möchte mehr als nur ein Freund für mich sein, aber ich kann ihm meinen hässlichen Körper nicht zeigen. Nun bleiben nur noch sechs Monate, bis ich operiert werde.«

Sie hatte den OP-Termin ein Jahr im Voraus ausgemacht, und da der astronomisch teure Eingriff nicht von ihrer Krankenversicherung bezahlt wurde, hatte sie fünf Jahre lang gespart, um ihn sich leisten zu können. Sie hoffte inständig, dass die

Operation erfolgreich verlaufen und sie ihren makellosen Körper zurückerhalten würde. »Ich wünsche mir, dass alles gut geht«, sagte sie mit Tränen in den Augen.

Dann erschien sie bis wenige Tage vor der Operation nicht mehr zur Therapie. Als sie kam, war sie kaum wiederzuerkennen. Sie strahlte vor Glück. Als die Therapeutin sich nach den Details des bevorstehenden Eingriffs erkundigte, entgegnete sie lächelnd, sie habe die Sache abgesagt.

Auf den überraschten Blick der Therapeutin hin begann sie, langsam ihre Bluse aufzuknöpfen. Dann streifte sie sie über den Kopf. Sie trug keinen BH. Die gesunde, rechte Brust war schön. Doch gegenüber der überwältigenden Schönheit der linken Seite verblasste sie. An der Stelle, wo einmal eine Brust gewesen war, rankten sich nun kleine, kunstvolle Blumen. Sie wirkten so realistisch, als würden sie tatsächlich dort blühen. Von der Körpermitte aus reichte ihr ein pastellfarbener Stängel bis über die linke Schulter, und wie verstreut lagen ringsum ein paar einzelne Blütenblätter, die gerade so wirkten, als bewegten sie sich im Wind. Ihr ganzer Körper war zu einem wunderschönen Gemälde geworden.

Der Therapeutin blieb vor Staunen der Mund offen stehen, und als Frau war sie fast neidisch auf ihr Gegenüber. Von einer solchen Frau konnten Männer nur träumen!

Während sich die Klientin wieder anzog und ihre Bluse zuknöpfte, erklärte sie ihrer immer noch verblüfften Therapeutin:

»Mein Mann – mein Freund, der Maler, von dem ich Ihnen beim letzten Mal erzählt habe – er hat dieses Bild gemalt. Dann sind wir zusammen nach Amsterdam gereist und haben das Tattoo stechen lassen. Mit dem Geld für die nicht mehr benötigte Operation machten wir Flitterwochen. Ich bin jetzt wirklich glücklich.«

Die größte Kunst besteht darin, Zerstörtes so zu kitten, dass es zu neuer Schönheit erblüht. Erst wenn ein Herz gebrochen ist, öffnet es sich und strebt zum Licht. Darin zeigen sich die Kraft der Seele zur Genesung und unsere Spiritualität. Eine Verletzung macht uns nicht unvollkommen. Im Gegenteil! Wir entwickeln uns durch sie zur Vollkommenheit.

Ernest Kurtz schreibt in seinem Buch *Spiritualität der Unvollkommenheit*:

»Rabbi Mosche Leib aus Sassow behauptet, unsere Zerbrechlichkeit führe uns zur Vollkommenheit. Niemand ist so perfekt wie ein Mensch mit gebrochenem Herzen. Denn das Wort ›Vollkommenheit‹ bedeutet nicht ›unzerbrechliches Herz‹ oder ›schmerzfreier Zustand‹.«

Von Kritikern, Kühen und Schweinen

Lasst uns jenseits von Wertungen leben!

Neulich unterhielt ich mich mit der Leiterin eines Ordens von Won-Buddhisten, und sie erzählte mir, wie es ihr ergangen war, als sie in jungen Jahren beschloss, in das Kloster einzutreten. Als sie ihrer Familie mitteilte, was sie nach dem Studium vorhatte, stieß sie bei ihrem Vater auf eisernen Widerstand. Sosehr sie ihn zu überzeugen versuchte, er wollte nichts davon hören. Irgendwann fragte sie ihn, weshalb er ihren Plan eigentlich so hartnäckig ablehne, und seine Antwort überraschte sie: Er kenne seine älteste Tochter und wisse, dass sie ein starkes Verantwortungsbewusstsein und einen großen Gerechtigkeitssinn habe, was ihm keinerlei Sorge bereite. Würde sie aber ihre Familie verlassen, um in einem Orden zu leben, sei er sich nicht sicher, ob sie die Meinungen anderer akzeptieren könne, ohne diese auf ihre Fehler und Unzulänglichkeiten hinzuweisen.

Sie dachte über seine Bedenken nach und versprach ihm, sie stets im Gedächtnis zu behalten, und so gab er ihr schließlich doch seine Erlaubnis. Während ihres 50-jährigen Klosterlebens gingen ihr seine Worte nie aus dem Sinn, und sie bemühte sich stets, das Denken und Handeln anderer aus deren Blickwinkel zu betrachten, selbst wenn manches ihrem Verständnis von dem, was richtig und gerecht ist, widersprach. Auch vergaß sie nie, dass jeder einfach bloß glücklich sein will. Das ist der Grund, warum sie heute in ihrem Orden allgemeinen Respekt genießt und viele in ihr ein Vorbild sehen.

Eine Zeit lang lebte ich selbst in einer kleinen Gemeinschaft in Seoul, und vorübergehend nahmen wir eine Frau aus einem indischen Meditationszentrum bei uns auf. Sie war in allem, was sie tat, ehrlich und korrekt und hinterließ während ihres dreimonatigen Aufenthalts mit ihrer freigebigen Kritik in unserem Leben tiefe Spuren.

Das Problem war ihre pedantische Ader. Geschirr musste unmittelbar nach den Mahlzeiten abgewaschen werden; Unkraut auf dem Hof war »zeitnah« zu entfernen, und meditieren hatte »unbedingt« zu exakt festgelegten Zeiten zu erfolgen. Besucher durften nicht ohne Vorankündigung kommen und nicht lange bleiben. Da wir in einer Gemeinschaft lebten, hatte jeder seinen Teil zur Arbeit beizutragen. Einfach herumsitzen oder gar ein Nickerchen halten – das ging bei ihr gar nicht.

Überall fanden wir Zettel mit ihren Verhaltensregeln, auf dem Kühlschrank, an den Zimmertüren und sogar auf den Toiletten. Unter ihrem Einfluss verschwand die Pause nach dem Essen ebenso wie das Unkraut von den Gartenpfaden, und wir lernten, uns in Acht zu nehmen, wenn wir mit Besuchern sprachen.

Eigentlich war unsere auf Zeit gegründete Gemeinschaft als ein Experiment gedacht, um herauszufinden, ob ein autonomes

Leben ohne Regulierung von außen möglich sei. Was würde geschehen, wenn es keinerlei künstlich aufgestellte Regeln und Vorschriften gäbe? Wie würde sich unser Leben dann gestalten? Würden wir uns keinen Verhaltenskodex auferlegen, kämen dann die in uns von Natur aus angelegte Vernunft und Weisheit stärker zum Zuge? Doch noch bevor wir das herausfinden konnten, ließen wir uns von der permanenten Kritik einer Einzelnen in ein Korsett von Regeln zwängen. Unter ihrem strengen Blick waren wir nichts weiter als ein Haufen undisziplinierter Eskapisten.

Traf sie uns beim stillen Sitzen an, fragte sie uns vorwurfsvoll, warum wir so geistesabwesend dahockten. Bewunderten wir die Blütenpracht im Garten, verlangte sie, dass wir unsere Zeit besser nutzen und stattdessen meditieren sollten. Kein Schritt, kein Satz und kein Gedanke blieben ohne ihren Kommentar. Wenn wir lachten, war es Lärm, wenn sie lachte, war es ein Zeichen von Freude. Wenn wir tanzten, verbreiteten wir Chaos, tanzte sie, war es eine Bewegungsmeditation. Mit ihr zu leben stellte uns alle auf eine harte Probe.

Die schlimmste Angewohnheit, die ein Mensch haben kann, ist, wenn er meint, die Schwächen seiner Mitmenschen permanent korrigieren zu müssen. Unterschwellig spricht er damit dem anderen ab, über eine eigene funktionierende Kontrollinstanz in seinem Inneren zu verfügen.

Ist ein Hammer das einzige Werkzeug, das wir besitzen, muss uns alles wie ein hervorstehender Nagel erscheinen. Nur weil wir selbst auf dem richtigen Weg sind, heißt das nicht, dass dies der einzige richtige Weg ist. Dieser Weg ist bloß einer von vielen. Eine glückliche Beziehung entsteht, wenn wir den anderen so akzeptieren, wie er ist, statt an ihm herumzukritisieren oder ihm Ratschläge zu erteilen.

In den 15 Jahren, in denen ich zu meinem indischen Lehrer Sukhdev Babaji ging, gab er mir nie irgendwelche Ratschläge dazu, wie ich leben oder was ich tun solle. Warum lässt du dich gehen? Das ist ein gefährlicher Ort, halte dich fern! So solltest du meditieren! Nimm dich vor diesem Typen in Acht! Dies und dergleichen mehr hätte er mir sagen können, aber er tat es nicht. Erst nach seinem Tod wurde mir bewusst, dass wir uns wirklich auf Augenhöhe von Mensch zu Mensch begegnet waren, ohne dass irgendwelche Erwartungen oder Ansprüche zwischen uns standen. Er hielt es selbst für überflüssig, mich als seinen Schüler zu bezeichnen.

Wenn ich Ihnen jemals persönlich begegnen sollte, wünsche ich mir, dass wir uns auf gleiche Weise gegenübertreten – ohne Kritik und Wertung, einfach als Menschen.

Ein hinduistischer Bettelmönch, ein jüdischer Rabbi und ein Kritiker kommen zufällig zur gleichen Zeit bei einer Herberge an. Es ist eine stürmische Nacht, und es gibt nur noch ein freies Zimmer, in dem zwei Betten stehen. Einer der drei muss sein Quartier also im Stall aufschlagen.

Der Hindu meint, er sei Asket. Da mache es ihm nichts aus, im Stall zu schlafen, und macht sich auf den Weg dorthin. Nach einer Weile aber klopft er an die Tür, und als die beiden anderen ihm aufmachen, erklärt er ihnen: »In meiner Religion gelten Kühe als heilig, und ich darf sie nicht stören. Da es im Stall aber Kühe gibt, kann ich dort nicht schlafen.«

Daraufhin der Rabbi: »Macht euch keine Sorgen. Dann werde ich eben dort übernachten.« Doch kaum ist er gegangen, klopft es, und er steht wieder vor der Tür. »Leider gibt es Schweine im Stall, die in meiner Religion als unrein gelten. Die Nacht in einem Raum mit diesen Tieren zu verbringen ist mir leider nicht möglich.«

Der Kritiker zuckt die Achseln. »Ist schon in Ordnung«, erwidert er. »Dann schlafe ich eben im Stall.«

Nach ein paar Minuten klopft es wieder an der Tür. Diesmal sind es die Kühe und Schweine.

Unerwartete Geschenke

Ich lebe mein Leben
in wachsenden Ringen

In seinen Memoiren *Ich bekenne, ich habe gelebt* erzählt der Dichter Pablo Neruda, wie er als Kind beim Spielen im Hof hinter seinem Haus zufällig ein Loch im Lattenzaun entdeckte. Bis dahin hatte er sich mit den einfachen Dingen und kleinen Lebewesen beschäftigt, die es in seinem Umfeld gab. Als er durch das Loch schaute, sah er ein trostloses Grundstück vor sich liegen, um das sich offenbar niemand kümmerte.

»Ich trat einige Schritte zurück, denn ich spürte, dass gleich etwas passieren würde.«

Da tauchte in dem Loch plötzlich die Hand eines Kindes auf, das etwa in Pablos Alter zu sein schien, schob ein weißes Schaf hindurch und zog sich wieder zurück. Es war ein Spielzeugschaf, dessen Wolle verblichen war und an dem die Räder fehlten, sodass es eher wie ein echtes Schaf aussah.

»Ich hatte noch nie ein so schönes Schaf gesehen. Ich schaute wieder durch das Loch, aber das Kind war weg.«

Pablo rannte ins Haus und kam mit einem seiner wertvollsten Schätze zurück, einem Tannenzapfen, der prall mit Harz gefüllt war und dessen Duft verströmte. Den legte er auf die andere Seite des Loches und ging dann mit dem Schaf ins Haus.

»Ich habe weder die Hand noch das Kind je wieder auftauchen sehen. Bei einem Brand habe ich auch das Spielzeugschaf verloren. Noch heute, wo ich 50 Jahre alt bin, schaue ich in die Auslage jedes Spielzeugladens, an dem ich vorbeikomme, aber es ist zwecklos. Ein solches Schaf wird nicht mehr hergestellt.«

In mehreren seiner Artikel beschreibt Pablo Neruda diese Begebenheit:

»Ich hatte Glück. Nichts ist so schön wie die Intimität zwischen Menschen. Die Zuneigung derer zu spüren, die wir lieben, ist das Feuer, das uns am Leben erhält. Aber die Liebe eines Fremden zu spüren, den wir gar nicht kennen, ist noch größer und schöner. Die Liebe von Menschen, die über unseren Schlaf, unsere Einsamkeit und unsere Schwächen wachen und uns vor Gefahren beschützen. Es erweitert unser Dasein und bindet uns als lebendige Geschöpfe aneinander. Der Austausch von Geschenken öffnete mir die Augen für den wertvollen Gedanken, dass alle Menschen eins sind.«

Und er fährt fort: »Ich wollte den Duft von Harz verschenken, um die Geste der Brüderlichkeit zu erwidern. So wie ich an jenem Tag einen Tannenzapfen durch den Lattenzaun schob, habe ich meine Worte und Gedanken vor die Türen unzähliger Menschen gelegt, die ich nicht kenne, auch von Leuten, die im Gefängnis sitzen, verfolgt werden oder einsam sind. Das ist eine wichtige Lektion, die ich als Kind im Hof hinter unserem Haus gelernt habe. Das Ganze mag nicht mehr als ein Spiel zweier

Kinder gewesen sein, die sich nicht kannten, sich aber gegenseitig etwas Gutes tun wollten. Trotzdem bleibt dieser kleine, mysteriöse Austausch von Gaben unauslöschlich tief in mir verwurzelt und schenkt meinen Gedichten ihre Wärme.«

Geschenke, mit denen man nicht rechnet, hinterlassen eine besonders tiefe Spur im Herzen. Kommen sie zudem von einem Fremden, ist ihre Wirkung noch nachhaltiger. Sie bringen uns dazu, unsere Sicht auf andere zu korrigieren, uns in der Gemeinschaft solidarischer zu zeigen und unseren Horizont zu erweitern. Meditation und Religion können uns zu der Erkenntnis führen, dass wir mit allen Lebewesen verbunden sind, aber auch solche Zufallsgaben berühren uns und bringen uns dazu, uns zu öffnen und diese Verbundenheit hautnah zu spüren.

Ich war Mitte 20, als ich unweit des Daehakro-Viertels in Seoul einem jungen Amerikaner begegnete, der dem Äußeren nach wie ein Hippie wirkte. Es gab damals noch nicht viele ausländische Touristen bei uns, und mit seinen langen braunen Haaren und dem Bart stach er mir gleich ins Auge.

Zunächst gingen wir einfach aneinander vorbei, aber nach ein paar Schritten blieben wir beide gleichzeitig stehen und drehten uns um, was wohl daran lag, dass jeder von uns das Aussehen des anderen als ungewöhnlich empfand. Wir kamen sogleich ins Gespräch. Er stammte aus New York und hatte Indien und Nepal bereist. Als ich die spirituellen Lehrer erwähnte, die ich kannte, war er so begeistert, dass er zwei Musikkassetten aus seiner Umhängetasche zog und sie mir gab. Dass er mir ein derart teures Geschenk machte, überraschte mich, und ich umarmte ihn aus Dankbarkeit. Dann ging jeder seiner Wege. Als ich mich nach zehn Metern noch einmal umblickte, sah auch er zurück. Wir winkten einander zum Abschied zu.

Die Musik, die er mir geschenkt hatte, war faszinierend. Etwas Vergleichbares hatte ich noch nie gehört. Es handelte sich um eine ganze andere Art von Meditationsmusik als die, die ich bis dahin gekannt hatte. Ich hörte die Kassetten immer wieder – so lange, bis sie zu leiern anfingen. Ich erstellte Kopien, um sie weiter hören zu können. Seitdem bin ich Fan von Meditationsmusik, wobei ich mein Spektrum mittlerweile auf indische und amerikanisch-indianische Kompositionen ausgedehnt habe. Sie zu hören ist ein wichtiger, erfüllender Bestandteil meines Lebens geworden.

Nach dieser Begegnung versuchte ich, die Musik, auf die ich stieß und die mir gefiel, mit den Menschen in meinem Umfeld zu teilen. Dass ich Bücher zum Thema Meditation übersetze oder Bände mit Weisheitssprüchen herausgebe, betrachtete ich ebenfalls als Möglichkeit, das, was mir wichtig ist, mit anderen zu teilen. Zwei Musikkassetten, geschenkt von einem wildfremden Menschen, den ich per Zufall traf, beeinflussten weite Teile meines Lebens. Ein Herz, das anderen Gutes tut, wächst über sich hinaus.

Ein anderes Geschenk erhielt ich im nordindischen Varanasi. Auf der Veranda des Gästehauses, in dem ich logierte, saß jeden Morgen ein alter Mann und rezitierte Verse. Wie sich herausstellte, stammten sie aus der *Bhagavad Gita*, einer der bedeutendsten, heiligsten Texte des Hinduismus, deren großer Kenner er war. Bis zu meiner Abreise setzte ich mich jeden Tag zu ihm und hörte mir seinen Vortrag an. Er machte mir das größte intellektuelle Geschenk, das ein Fremder einem anderen geben kann, ohne eine Gegenleistung dafür zu verlangen. Ich tat nichts für ihn, außer ihm die Finger- und Zehennägel mit meinem Nagelknipser zu schneiden. Er aber weitete meinen Horizont, sodass sich mir in meiner Weltsicht eine neue Dimension erschloss. Auf einmal konnte ich unseren Planeten als einen Ort wahrnehmen, in dem es Offenheit und Hoffnung gab und das Versprechen, dass Mensch und Tier im Einklang miteinander leben können. Heute noch habe ich jedes Mal seine Stimme im Ohr, wenn ich die *Bhagavad Gita* aufschlage.

Jeder Mensch hat einen geistigen Horizont, in dessen Grenzen sich seine Gedanken bewegen. Es gibt Menschen, bei denen weitet er sich im Laufe des Lebens, und andere, bei denen er sich immer weiter verengt. Dehnt sich der Kreis unseres Denkens ins Unendliche, so glaube ich, tritt Gott in ihn ein. Das ist der Moment der großen spirituellen Befreiung.

Rilke schreibt in seinem Gedicht *Ich lebe mein Leben in wachsenden Ringen*:

Ich lebe mein Leben in wachsenden Ringen.
Die sich über die Dinge ziehn.
Ich werde den letzten vielleicht nicht vollbringen,
aber versuchen will ich ihn.

Im Leben ist es wie mit diesem Loch im Zaun. Wir können nie wissen, welches Geschenk plötzlich von einer Hand aus einer anderen Welt zu uns hereingereicht wird, während wir auf die trostlose Landschaft schauen. Blicke ich auf mein Leben zurück, waren es die unerwarteten Geschenke, die mich am allerglücklichsten gemacht haben. Die großzügigen Gaben, die wir von Fremden erhalten, erfreuen nicht nur unser Herz, sie erweitern auch die Kreise, in denen wir denken. Und teilen wir sie mit anderen, nimmt ihr Radius weiter zu. Das Überraschungsgeschenk Gottes, das uns als Zufall getarnt erreicht, nennt man Seligkeit.

Mehr als eine statistische Größe
Ich und Du

Die Genesis mag mit dem Satz »Am Anfang war das Wort« beginnen, doch der Religionsphilosoph Martin Buber ist überzeugt: »Im Anfang ist die Beziehung.« Er unterscheidet dabei zwei Arten der Begegnung – die zwischen Ich und Du und die zwischen Ich und Es.

In der Begegnung von Ich und Es wird eine rein zweckgebundene Beziehung aufgebaut. Das jeweilige Gegenüber kann jederzeit durch einen anderen in derselben oder einer übergeordneten Funktion ersetzt werden, und eine solche Beziehung dient lediglich als Mittel, um ein bestimmtes Ziel zu erreichen.

Im Gegensatz dazu entsteht in der Begegnung von Ich und Du eine persönliche Beziehung, in der weder das Ich noch das Du durch einen anderen ersetzt werden kann. Wir sind mit ganzem Herzen beteiligt und beurteilen einander nicht danach, wie nützlich der andere für uns ist. Beurteilungen finden hauptsächlich im Verhältnis zwischen Ich und Es statt. Letzteres ist zweckorientiert, während die Ich-Du-Beziehung auf Liebe basiert. Sie gibt dem anderen den Raum, er selbst zu sein. In der Ich-Es-Beziehung hingegen ist das Gegenüber nur als Trugbild präsent.

Wir sehen nicht die Person selbst, sondern nur ihre Fähigkeiten. Das »Du« ist bloß eine Hülle, die sich in dem Moment auflöst, wo es für »mich« seinen Dienst erfüllt hat. Auf gleiche Weise werde auch »Ich« zu jemandem, der für »dich« nicht wirklich existiert.

Der größte Verlust in zwischenmenschlichen Beziehungen ist, wenn sich die Begegnung auf der Ich-Du Ebene verflüchtigt. Damit verkommt das Verhältnis zu einem Geschäft. In der Beziehung zwischen Autoren und Verlagen erhält nach meiner Erfahrung oft das vermarktbare »Ich« Vorrang vor dem menschlichen »Ich«. Ich bin jedes Mal entsetzt, wenn ich erlebe, wie leicht Marketingleuten in ihren Meetings der Begriff »Zielgruppe« über die Lippen geht. Leser werden damit zum »Es« degradiert.

Bei Lesungen hingegen ist es mir möglich, eine Ich-Du-Beziehung zwischen mir und meinen Lesern aufzubauen. Manchmal entsteht aus einer solchen Begegnung ein längerfristiger Kontakt. Der Erfolg eines Schriftstellers bemisst sich nicht daran, wie viele Exemplare seines Buchs verkauft werden, sondern daran, wie gut es ihm gelingt, eine echte Beziehung zu seinem Publikum herzustellen, indem er an ihrem Leben Anteil nimmt.

Unglück und Konflikte entstehen in allen Beziehungen dadurch, dass wir einander nicht auf der Ebene von Ich und Du, sondern von Ich und Es begegnen, so ist Buber überzeugt. Schaut man auf Nützlichkeit und Zweck, ohne die persönliche Seite einzubeziehen, ist eine echte Beziehung nicht möglich.

Da ich häufig nach Indien und Nepal reise, ist es nur natürlich, dass mich vor Ort immer mehr Leute kennen. Unter ihnen gibt es manche, die eine beständige Ich-Du-Beziehung zu mir pflegen, und andere, die mir noch immer auf der Ebene von Ich und Es begegnen. In manchen Gästehäusern bin ich nach wie vor nur ein Tourist, dem man selbst nach zehn Jahren einen überhöhten Preis abverlangen kann, während ich in anderen nach ein oder zwei Jahren wie ein Familienmitglied behandelt werde. Natürlich erleben wir nur die Orte als bereichernd, an denen Letzteres der Fall ist.

Wir gehen Beziehungen zu anderen nicht nur ein, um in ihnen unsere persönliche Ergänzung zu finden, sondern vor allem, weil wir nur in ihnen unseren eigentlichen Wert erkennen können. Mit den Beziehungen, die wir knüpfen, gleichen wir nicht nur unsere Unzulänglichkeiten aus, wir erfahren in ihnen auch die Vollkommenheit unseres Wesens. Du bist ein besonderer Mensch, denn du machst mich perfekt. Erst durch dich finde ich mein wahres Ich und werde aus meiner Egozentrik befreit.

Wir können zwar ohne Es nicht leben, sagt Buber. Doch andererseits ist jemand, der ausschließlich auf der Es-Ebene verharrt, kein wirklicher Mensch. Selbst in einer Beziehung zu einem Objekt oder Tier kann man durch tief empfundene Gefühle von der Ich-Es- in eine Ich-Du-Beziehung wechseln. Wir alle wissen, welches Glück uns ein Haustier oder eine Zimmerpflanze bescheren können. Ob unser Leben Sinn macht oder nicht, hängt von unseren Ich-Du-Beziehungen ab.

Das wirkliche Leben entsteht in der Begegnung zwischen

Individuen. Mancher findet dort sein wahres Selbst. Im Ich-Es-Verhältnis werden beide instrumentalisiert, und das wahre Ich kann sich nicht entfalten. Damit es zum Vorschein kommen kann, ist es unerlässlich, in die Ich-Du-Haltung zu kommen. Der Mensch ist in sich selbst Zweck und kein Mittel zu dessen Erfüllung. Der Zweck einer Beziehung ist die Beziehung selbst, die Begegnung von Ich und Du. Ein Mensch mag noch so erfolgreich erscheinen, dominieren in seinem Leben die Ich-Es-Beziehungen, kann es kaum glücklich sein.

Vor langer Zeit habe ich die folgende Geschichte gelesen, die mir nicht aus dem Kopf gehen mag. Mitten durch eine Kleinstadt floss ein kleiner Fluss, und auf dem Weg zum Markt oder zur Arbeit überquerten die Einwohner jeden Tag die Brücke, die sich zwischen beiden Ufern spannte. Da die Brücke aber mit den Jahren alt und baufällig geworden war, ließ der neu gewählte Bürgermeister daneben eine stabilere errichten. Um diese Großtat gebührend herausstellen zu können, beauftragte er einen seiner Ordnungsbeamten zu zählen, wie viele Menschen die neue Brücke benutzten.

Dieser forderte einen Assistenten an, der ihm bei der Erfassung der Passanten zur Hand gehen sollte, und man schickte ihm einen jungen Mann, der versehrt aus dem Krieg zurückgekommen und von wortkarger Natur war, weshalb er wie geschaffen für die Aufgabe zu sein schien. So postierten sich also der Ordnungsbeamte und sein Assistent zu beiden Seiten der Brücke und zählten alle Fußgänger, Karren und Fahrräder, die

die Brücke passierten. Mittags verglichen sie ihre Aufzeichnungen, um sicherzustellen, dass ihre Zahlen auch stimmten.

Stets deckten sich ihre Ergebnisse mit nur einer Person Diskrepanz. Einen Monat lang zählten die beiden, und jeden Tag hatte der junge Mann einen Passanten weniger auf seiner Liste als sein Vorgesetzter.

Einer mehr oder weniger fiel nicht sonderlich ins Gewicht. Der Neugier halber fragte der Ordnungsbeamte trotzdem am letzten Tag bei dem jungen Mann nach, wie sich die Differenz wohl erklären ließe.

Da antwortete dieser mit leuchtenden Augen, dass die Frau, die er heimlich verehre, allmorgendlich auf ihrem Weg zur Arbeit die Brücke überquere. Er liebe sie von ganzem Herzen, da könne er sie doch nicht als bloße statistische Größe erfassen.

Der Mann,
der den Himalaya malt
Abschied vom Gewöhnlichen

Ich begegnete dem Mann oben an der Nagarkot-Hütte, einem bekannten Aussichtspunkt in der Nähe von Kathmandu, von dem aus man die schönsten Sonnenuntergänge im Himalaya bewundern kann. Als ich bei Tagesanbruch auf die Aussichtsplattform hinaustrat, stand er am Geländer und zeichnete mit dem Tuschestift etwas in seinen kleinen Skizzenblock. Er war Japaner. Im Näherkommen sah ich, dass er die Silhouette des Gebirges im Morgengrauen zu Papier gebracht hatte.

Sein Bild war nichts Besonderes – die Strichführung nicht gerade professionell, und die schwarzen Linien auf dem weißen Untergrund nicht unbedingt dazu angetan, die Fantasie anzuregen. Der Mann beachtete mich nicht weiter und ließ sich in seinem Tun nicht stören. Wenn er mit einem Blatt fertig war, schlug er sofort das nächste auf und fing mit einer neuen Skizze an. Als sich die Sonne endlich über den Horizont zu schieben und die schneebedeckten Hänge in ihr goldenes Licht zu tauchen begann, hielt er auch diesen Moment eifrig in seinem Skizzenbuch fest, während alle anderen, die mittlerweile dort versammelt waren, Fotos machten oder einfach glückselig seufzten.

Nachdem ich mir den Sonnenaufgang angesehen hatte, ging ich wieder in die Hütte, um zu frühstücken. Später, auf der Fahrt zurück nach Kathmandu, saß der Mann neben mir im Wagen, und wir kamen ins Gespräch. Wir unterhielten uns in einer Mischung aus Japanisch und Englisch, und ich erfuhr, dass er aus Tokio stammte, wo er direkt nach dem Studium eine Stelle in einer Firma angetreten hatte, bis er im Alter von 50 Jahren einfach kündigte. Seither reiste er mit Kamera und Skizzenblöcken um die ganze Welt. Allein. Er habe seine Wohnung verkauft, sich von seiner Frau getrennt und ihr die Hälfte des Vermögens überlassen, bevor er ohne Reue das Land verließ. Er betonte das Wort »nagorinaku« – ohne Reue. Er sagte, seine Ex-Frau habe ein gutes Leben. Sie habe einen Job und einen Freund. Er hatte also, bevor er aufbrach, alles genau geplant und für alle Beteiligten zum Besten geregelt.

Auf meine Frage, was ihn zu alledem veranlasst habe, antwortete er mit einem Satz:

»Ich war nicht glücklich.«

Weder seine Arbeit noch die Firma hatten zu ihm gepasst, nicht einmal seine Frau hatte seinem Wesen entsprochen. Um die Kinder großzuziehen und seine Familie zu ernähren, hatte er seine eigenen Bedürfnisse 25 Jahre lang zurückgestellt. Dann wollte er endlich glücklich sein. Er beschloss, alles hinter sich zu lassen, was ihm nichts bedeutete, um keinen Augenblick des Lebens zu verpassen, von dem er nicht wusste, wann es enden würde. Er spürte die Gewissheit, dass er sich gegen sich selbst versündigen würde, wenn er sein Leben versäumte. Er wollte die

Welt sehen und dabei zeichnen, wie er es schon als Kind gern getan hatte. Mehr nicht.

In Kathmandu angekommen, winkten wir zum Abschied und wünschten einander: »Viel Glück!«, obwohl ihm dies zu wünschen eigentlich unnötig war. Er ritt bereits auf der Welle der Zufriedenheit. Sein strahlendes Lächeln reichte als Beweis. Wie gut seine Bilder waren, spielte keine Rolle. Wichtiger war, welche Freude er beim Zeichnen empfand, die aufregenden Momente, die er auf seinen Reisen in eine unbekannte Welt unternahm, und die Augenblicke, in denen er seine ganze Lebendigkeit spürte. Um dies alles zu genießen, hatte er sein sicheres Leben aufgegeben und seine Arme weit für das Ungewisse geöffnet.

Was man am meisten bedauert, wenn man dem Tod ins Auge blickt, ist nicht, das eigene Leben gelebt zu haben. Kein Fehler wiegt so schwer wie der, eine Reise, nach der das Herz sich sehnt, nicht angetreten zu haben. Beugen wir uns den Maßstäben anderer und folgen wir stillschweigend den Erwartungen der Gesellschaft, ohne sie zu hinterfragen, bringen wir uns um die Freuden, die uns zugestanden hätten.

Ein Mann lag im Sterben, und als es dem Ende entgegenging, kam Gott mit einem Koffer zu ihm.

Gott sagte: »Mein Sohn, es ist Zeit zu gehen.«

»Jetzt schon?«, entgegnete der Mann erschrocken. »Ich habe doch noch so viel vor.«

Doch Gott blieb dabei: »Tut mir leid, wir müssen jetzt gehen.«

»Was ist in dem Koffer?«, wollte der Mann wissen.

»Dein ganzer Besitz«, antwortete Gott.

»Mein Besitz? Du meinst, meine Sachen, meine Kleidung, mein Geld und dergleichen?«

»Nein, derlei Dinge gehören dir nicht. Sie gehören diesem Planeten.«

»Was ist es dann? Sind es meine Erinnerungen?«

»Nein, sie gehören der Zeit.«

»Meine Begabungen?«

»Nein, die gehören der Welt, in der du gelebt hast.«

»Dann eben meine Freunde, Eltern und Geschwister?«

»Nein, mein Sohn. Es ist etwas, das zu deiner Reise gehört.«

»Dann muss es mein Körper sein.«

»Nein, nein. Er gehört der Erde.«

»So ist es also meine Seele!«

Doch Gott verneinte abermals. »Du hast leider etwas Entscheidendes vergessen, mein Sohn. Deine Seele gehört mir.«

Mit zitternden Händen nahm der Mann den Koffer aus Gottes Hand entgegen und öffnete ihn. Er war leer!

Da wurde ihm schwer ums Herz, und Tränen liefen ihm über die Wangen. »Bleibt mir denn gar nichts?«, fragte er.

»Nein, du hast nie etwas besessen.«

»Gibt es denn nichts, was je mein Eigen gewesen wäre?«

Da sagte Gott zu ihm: »Die Zeit, in der dein Herz geschlagen hat, und jeder Moment, in dem du dein Leben aus vollen Zügen genossen hast – sie haben ganz allein dir gehört.«

Die amerikanische Dichterin Maya Angelo ist überzeugt: »Man bewertet das Leben nicht danach, wie viele Atemzüge man tut, sondern wie viele atemberaubende Momente man erlebt.« Und die Dichterin Mary Oliver fragt: »Du tust nichts, außer zu atmen, und nennst das Leben?«

Wie viele Momente haben Sie erlebt, in denen Ihnen vor Liebe die Luft wegblieb? Wie viele Augenblicke der inneren Einkehr, in denen Sie aus tief empfundener Nähe zu sich selbst zu atmen vergaßen? Wie oft raubte es Ihnen in der Konfrontation mit dem Leben den Atem? Es muss sich nicht um weltbewegende Ereignisse handeln. Die Rede ist von den berührenden Momenten im Leben, in denen wir barfuß im Regen tanzen, vom Ufer einer Insel aus den roten Vollmond bestaunen, im Schneesturm von einem Bergkamm im Himalaya zum Himmel aufblicken … Mit welchen Momenten sind Sie angefüllt?

Sie brauchen viele aufregende Erlebnisse, damit Ihr Koffer nach dem Tod nicht leer ist. Augenblicke, die Sie zutiefst beeindrucken, und solche, in denen das Leben mit Ihrem Herzen in Einklang steht. Das Einzige, was Sie mitnehmen können, wenn Sie diese Welt verlassen, sind die Dinge, die Sie in Ihrem Herzen tragen.

Ithaka

Der Weg, den du gehst, ist dein Leben

In der *Ilias* schildert der griechische Dichter Homer, was sich im letzten des mehr als zehn Jahre währenden Kriegs zwischen Griechen und Trojanern zutrug. Die Fortsetzung, die *Odyssee*, handelt von den gefährlichen Abenteuern des griechischen Königs Odysseus, der den Krieg durch seine List mit dem Trojanischen Pferd entschieden hat und sich nun auf dem Rückweg in seine Heimatstadt Ithaka befindet. Der griechische Dichter Konstantínos P. Kaváfis, der Homers *Odyssee* in Versform nacherzählt, beschreibt es so:

Brichst du auf gen Ithaka,
so wünsch dir eine lange Fahrt,
voller Abenteuer und Erkenntnisse.
Die Lästrygonen und Zyklopen,
den zornigen Poseidon fürchte nicht.

Die von den Göttern gelenkte Heimreise steckt voller unerwarteter Gefahren und Schwierigkeiten. In einem friedlich erscheinenden Hafen wird beim gnadenlosen Angriff der barbarischen

Lästrygonen ein Großteil von Odysseus' Flotte versenkt, und viele seiner Männer müssen ihr Leben lassen. In der Höhle des Zyklopen, eines einäugigen Riesen, wird Mann um Mann gefressen, bis Odysseus den Riesen schließlich blendet und durch eine List entkommt. Poseidon, der Gott des Meeres, verzögert die Rückkehr des Helden mit Wellen und Gewitterstürmen um zehn Jahre. Die zauberkräftige Königin Circe verführt die Männer und verwandelt sie in Schweine. Auf ihrer Insel wachsen geheimnisvolle Blumen, die sie glücklich machen und von allen Sorgen befreien, sodass sie ihre Heimat vergessen und für immer bei Circe bleiben wollen.

Das eigentliche Thema der *Odyssee* ist die Rückkehr, aber die Beschreibung der weiten Reise über das Meer steht in ihrem Mittelpunkt. Was die Geschichte so interessant macht, ist nicht die geglückte Ankunft am Ende, sondern das Unterwegssein mit all seinen Abenteuern, Nöten und Fährnissen. Wie man eine Reise erlebt und bewältigt – das liefert den Grundstoff für Heldenmythen.

Wie Odysseus sind wir alle auf dem Weg nach Hause. Das Leben ist die Reise. Sie beginnt, wenn wir das Licht der Welt erblicken, und endet, wenn wir eines Tages zu unserem Ursprung zurückkehren. Auf diesem wunderschönen, prall mit Leben gefüllten Planeten warten Prüfungen und Schicksalswendungen, denen wir uns zu stellen haben. Überall lauern Hindernisse, als habe ein göttlicher Plan sie uns in den Weg gestellt; sie hindern uns am Fortkommen und führen uns in die Irre. Riffe und Strudel machen die Route unpassierbar und vereiteln unsere Weiterfahrt.

Aber wir geben nicht auf. Und sollten wir doch einmal zu Boden gezwungen werden, verharren wir eine Weile auf Knien, bevor wir wieder aufstehen und den nächsten Schritt wagen. Unzählige Male korrigieren wir unsere Landkarten, ändern unsere Routen und nehmen die Verfolgung unserer enteilten Träume wieder auf. Dennoch sollten wir nicht beten, dass alles immer glatt verläuft. Das nämlich käme einer Verweigerung des Lebens gleich. Es würde bedeuten, dass wir uns dieser Reise mit all ihren Abenteuern und Erfahrungen nicht stellen und stattdessen im sicheren Hafen bleiben wollen.

Solcherlei wirst du auf deiner Fahrt nie finden,
wenn hochgesinnt dein Denken,
wenn edle Regung deinen Geist und Körper anrührt.
Den Lästrygonen und Zyklopen, dem wütenden Poseidon
wirst du nicht begegnen,
falls du sie nicht in deiner Seele mit dir trägst,
falls deine Seele sie nicht vor dir aufbaut.

Mit Ende 20 ging ich von zu Hause fort, um mich auf die Suche nach der Wahrheit zu begeben. Diese gestaltete sich nicht so einfach, wie ich es mir vorgestellt hatte. Zu glauben, dass ich nur diese oder jene spirituellen Lehrer aufsuchen müsste, um von ihnen die Antworten auf alle meine Fragen zu erhalten und so die Probleme meines Lebens zu lösen, erwies sich als Irrtum. Die Orte, an denen die Lehrer lebten, waren zu weit weg, und die Züge ließen mich mit ihren endlosen Verspätungen nicht von der Stelle kommen. Nicht nur einmal verbrachte ich eine Nacht vor der stinkenden Toilette in der zweiten Klasse.

Der edle Vorsatz, den ich am Anfang gefasst hatte, verblasste allmählich. Auch ich ließ mich verführen und in ein Schwein verwandeln. Die Dogmen, von denen ich durchdrungen war, machten auch mich auf einem Auge blind. Es gab Situationen, in denen ich selbst zum Barbaren und Zyniker wurde und nicht mehr daran glaubte, dass es eine Wahrheit gibt. Ich kam in den Wellen und im Sturm vom Kurs ab, und es dauerte Jahre, auf ihn zurückzufinden. Zu all diesen Irrfahrten kam es, weil mein Geist nicht edel und meine Gefühle nicht erhaben waren und weil ich all die Querschläger in meine Seele gelassen habe.

Das Gedicht spricht von der Zuversicht, dass sich uns nichts in den Weg stellen wird, wenn wir im Denken über allen Hindernissen und Gefahren stehen und diese nicht an uns heranlassen. Armselig und unterwürfig aber kann das Leben nur sein, wenn wir uns ihnen geschlagen geben.

So wünsch dir eine lange Fahrt.
Der Sommer Morgen mögen viele sein,
Da du, mit welcher Freude und Zufriedenheit
In nie zuvor erblickte Häfen einfährst.

Ich wünschte mir damals, dass mein Ziel möglichst in der Nähe läge, und hatte vor, es auf der direkten Route ohne Umwege zu erreichen. Wenn ich erst da wäre, so glaubte ich, würde das wirkliche Leben beginnen. Ich wusste nicht, dass leben heißt, den Weg zu diesem Ziel zu gehen. Ich konnte mich nicht an den Häfen erfreuen, in die ich unterwegs einlief, weil ich mich so sehr darauf fixierte, wo ich am Ende hinwollte. Ich nahm nichts von den geheimnisvollen Orten wahr, die sich hinter den Häfen versteckten. Ich habe vieler Sommer Morgen gleichgültig begrüßt.

Das Reisen lehrte mich, das Leben selbst als *Odyssee* zu begreifen und im Prozess des Unterwegsseins den eigentlichen Reiz zu sehen. Die Ziele, die ich ausgesucht hatte, dienten mir lediglich als eine Art Gerüst für die Erfahrungen, die ich auf dem Weg dorthin sammelte. Meine Reisebeschreibungen sind voll von solchen Geschichten und Erlebnissen. Wer mit dem Flugzeug oder Hochgeschwindigkeitszug direkt ans Ziel kommen will, um nur ja allen Widrigkeiten und Hindernissen aus dem Weg zu gehen, kann gleich zu Hause bleiben. Es ist keine Reise, wenn man einen Bogen um die belebten Marktstraßen macht, alles Unbekannte meidet und blindlings einem Fremdenführer folgt.

Wünschen wir uns also, dass unsere Fahrt so lang wie möglich dauert und wir die wunderbaren Reisepläne, die Gott für uns aufgestellt hat, nicht durchkreuzen. Mögen wir unterwegs viele Abenteuer, Prüfungen und großartige Momente erleben und an allen Ecken auf Geschichten stoßen, von denen wir erzählen können. Ohne all die aufregenden Dinge zu erleben, käme am Ende unseres Lebens statt eines spannenden Reiseberichts ein nüchterner Reiseführer heraus.

Halt ein bei Handelsplätzen der Phönizier
die schönen Waren zu erwerben,
Perlmutter und Korallen, Bernstein, Ebenholz,
erregende Essenzen aller Art,
so reichlich du vermagst, erregende Essenzen;
besuche viele Städte in Ägypten,
damit du von den Eingeweihten lernst und wieder lernst.

In einer berühmten Parfümerie im nordindischen Lucknow habe ich einmal eine kleine Flasche Moschusparfüm gekauft. Eine solche sinnliche Essenz hatte ihren Preis. Unterwegs löste sich der lockere Verschluss der Flasche, und alles, was ich im Rucksack hatte, wurde damit getränkt. In Nordamerika faszinierten mich die von den Natives angefertigten Flöten. Lampen, die ich in abgelegenen nepalesischen Dörfern kaufte, tauchten manch stille Nacht in ihr sanftes Licht.

Scheuen Sie das Abenteuer nicht! Versuchen Sie nicht, ihre Schwierigkeiten von anderen lösen zu lassen, setzen Sie sich selbst damit auseinander. Das Leben ist mehr als eine Aneinanderreihung von Problemen, die wir aus dem Weg räumen müssen, sondern steckt auch voller Rätsel, die wir entschlüsseln können. Das, was uns begegnet, jenseits aller Festlegungen und Normen möglichst intensiv zu erleben, das ist das eigentliche Ziel. Erkenntnis nämlich entsteht nur durch Erfahrung, sie ist keine Kopfgeburt. Der indische Dichter Kabir rät, während der Zeit, die uns gegeben ist, viele Menschen als Gäste zu empfangen, uns ins Leben zu stürzen und danach zu streben, das Dasein zu begreifen.

Gott hat viele Handelsplätze für uns erschaffen. Durchstreifen Sie sie, erwerben Sie die schönen Waren, nehmen Sie die Eindrücke mit all Ihren Sinnen in sich auf. Und vergessen Sie nicht, sich am Ende dieses Einkaufsbummels zu den Weisen zu begeben und von ihnen zu lernen.

Stets halte Ithaka im Sinn.
Dort anzukommen ist dir vorbestimmt.
Jedoch beeile deine Reise nicht.
Besser ist, sie dauere viele Jahre;
und alt geworden lege auf der Insel an,
nun reich an dem, was du auf deiner Fahrt gewannst,
und ohne zu erwarten, dass Ithaka dir Reichtum gäbe.

Als ich die *Odyssee* zum ersten Mal gelesen habe, stellte ich überrascht fest, dass ihr Held nicht etwa irgendeiner Utopie entgegenstrebt, sondern seine ganzen gefährlichen Abenteuer nur bestreitet, um in die Heimat zurückzukehren. Ist es dem Menschen nicht bestimmt, von zu Hause aufzubrechen und sich einen neuen Ort zu suchen? Haben nicht viele Abenteurer und Pioniere nach dieser Prämisse gelebt? Warum musste Odysseus sich all diesen Fährnissen aussetzen, bloß um wieder nach Hause zu kommen?

Im Laufe des Lebens ist mir allmählich klar geworden, dass ich, wohin ich auch gehe, eigentlich immer auf dem Weg nach Hause bin – dass wir alle reisen, um in die Heimat zu gelangen. Die weite, lange Reise nach Hause – das ist der Weg, auf dem wir Wahrheit und Selbstverwirklichung finden.

Darum sollten wir uns wünschen, dass unsere entbehrungsreiche Wanderung nicht so bald enden wird. Je länger sie sich hinzieht, desto wahrhaftiger und schlüssiger ist die gewonnene Selbsterkenntnis. Kommen wir lieber »alt geworden« am Ziel an, denn weise werden wir nur mit den Jahren. Das größte Geschenk, das uns unser anvisiertes Ziel machen kann, ist der Weg, den wir dorthin zurücklegen, und die Art und Weise, wie wir daran wachsen. Die wunderschönen Korallen, das Perlmutter und die Essenzen, die wir unterwegs entdecken, sind nicht das Reiseziel.

Wer aus Neugier und Abenteuerlust reist, versteift sich nicht auf sein Ziel; er findet bereits auf dem Weg Erfüllung. Wer sich ohne Reue durchs Leben kämpft, ist wunschlos; selbst wenn er dabei keine Erkenntnisse gewinnt, macht es ihm nichts aus.

Ithaka gab dir die schöne Reise.
Du wärest ohne es nicht auf die Fahrt gegangen.
Nun hat es dir nicht mehr zu geben.

Odysseus überwindet alle Gefahren und kommt erst nach zehn Jahren in seiner Heimatstadt an, wo seine Frau und seine Kinder auf ihn warten. Es war eine Reise voller wundersamer und beeindruckender Abenteuer. Hätte es diese Heimatstadt, dieses Ziel, nicht gegeben, hätte er die Reise gar nicht erst angetreten. Und was es mit dem »Ziel« auf sich hat, erkennen wir erst, wenn wir angekommen sind.

In der *Odyssee* wird in epischer Form der Erkenntnisprozess beschrieben, den wir von der Jugend bis ins Alter durchlaufen.

Jeder von uns ist ein Odysseus, der im Laufe seines Lebens um Erkenntnisgewinn kämpft, und zwar nicht durch Bücher oder spirituelle Lehren.

Jetzt, wo ich meine Jugend hinter mir habe, weiß ich, dass das Leben selbst mich erleuchtet hat, auch wenn ich sicher immer wieder neuen Lehrern begegnen werde. Am Anfang meiner Karriere als Schriftsteller haben mich manche Fragen über das Leben bewegt, die mich zu dem gemacht haben, der ich heute bin. Die Reisen auf der Suche nach Antworten haben mein Leben zu etwas Besonderem gemacht. Die Vorstellung, die Antworten zu finden, mag illusorisch gewesen sein, aber ohne sie hätte ich mich nicht auf den Weg gemacht. Ich hätte von der Welt nichts gesehen und hätte nicht in Häfen angelegt, in denen ich Tänzern, Eingeweihten und Kaufleuten begegnete.

Eine Reise wird nicht etwa deshalb als Weg der Selbstreflexion bezeichnet, weil der Zielort so schön ist. Vielmehr liegt es an all dem Besonderen, das man unterwegs erlebt – dass man schroffe Bergketten überquert, Sonne, Schnee, Regen und Kälte erträgt, manchmal einen großen Umweg macht und immer wieder in Gemeinschaftsunterkünften übernachtet.

Auch wenn es sich dir ärmlich zeigt,
Ithaka betrog dich nicht.
So weise, wie du wurdest,
und in solchem Maß erfahren,
wirst du ohnedies verstanden haben,
was die Ithakas bedeuten.

Wenn wir berühmte Orte aufsuchen, sind wir bei der Ankunft manchmal enttäuscht. Verglichen mit dem Nimbus, der sie umgibt, wirken sie erbärmlich. Dennoch waren sie es, die uns auf den Weg gelockt und uns damit eine wundervolle Reise beschert haben. Sie haben uns also nicht betrogen. Wie unbedeutend oder großartig sie auch sein mögen, sie haben nur einen Zweck: uns zum Aufbruch zu drängen, damit wir uns in Bewegung setzen und anfangen, Erfahrungen und Erkenntnisse zu sammeln. Das ist der wahre, verborgene Zweck eines jeden Reiseziels.

Wenn wir uns ein Haus wünschen, und es kommt einer daher und kauft es uns, wird daraus noch lange kein echtes Zuhause. Ein Haus, das uns mühelos ohne große Irrungen und Wirrungen und ohne die eine oder andere Erfahrung beim Bau einfach so zufällt, gehört uns nicht wirklich. Es ist, als wäre es aus Sand gebaut. Schon bald werden wir es wieder verlieren.

Wenn wir uns auf der Suche nach der Wahrheit befinden, und jemand serviert sie uns auf dem Präsentierteller, ist es nicht unsere Wahrheit und nichts weiter als ein billiger Abklatsch, denn wir haben sie nicht selbst erfahren. »Wirklich reisen meint den Vorgang des irgendwohin Gelangens an sich. Sobald man das Ziel erreicht hat, ist die Reise vorbei. Aber heutzutage versuchen die Menschen, die Reise am Zielort zu beginnen«, schrieb der Autor Hugo Verlomme.

Leben ist immer ein Stück weit *Odyssee*. Das Epos zu vollenden liegt bei jedem selbst. Möge der Weg, den wir gehen, unsere persönliche Reise nach Ithaka sein. Unterwegs hinzufallen und wieder aufzustehen, das ist der Prozess unserer Pilgerschaft.

Wie sieht Ihr Ithaka aus? Wohin sind Sie gerade unterwegs? Sitzen Sie in der Höhle des Zyklopen fest? Drohen Sie in der von einem wütenden Meeresgott sturmgepeitschten See zu ertrinken? Oder kaufen Sie eine ausgefallene Ware auf einem phönizischen Markt? Ist Ihnen klar, dass Ithaka das Reisen selbst ist und kein Ziel? Wenn ja, sind Sie auf dem richtigen Weg.

Quellen

Ernest Hemingway: *Tod am Nachmittag*
Joanna Macy: *Geliebte Erde, gereiftes Selbst*
Jim Corbett: *Dschungel-Leben*
Henry David Thoreau: *Walden*
Michel Tournier: *Célébrations*
Edmund White: *Marcel Proust. A Life*
Pema Chödrön: *Wenn alles zusammenbricht*
Lee Cheong-Jun Lee: *Die Gerüchtemauer*
Ajahn Brahm: *Who Ordered This Truckload of Dung?*
Jean Giono: *Der Mann, der Bäume pflanzte*
Andrew Harvey: *Der Pfad ins Herz: eine spirituelle Reise*
Patrul Rinpoche: *Words of My Perfect Teacher*
Sogyal Rinpoche: *Funken der Erleuchtung: buddhistische Weisheit
    für jeden Tag des Jahres*
Eckhart Tolle: *Eine neue Erde*
Elisabeth Kübler-Ross & David Kessler: *Geborgen im Leben:
    Wege zu einem erfüllten Dasein*
Rachel Naomi Remen: *Aus Liebe zum Leben: Geschichten, die
    der Seele guttun*

Ernest Kurtz & Katherine Ketcham: *Die Spiritualität der Unvoll-
kommenheit: Geschichten über die Suche nach Sinn*
Andrea Joy Cohen: *A Blessing in Disguise: 39 Life Lessons from
Today's Greatest Teachers*
J.R.R. Tolkien: *Blatt von Tüftler*
Pablo Neruda: *Ich bekenne, ich habe gelebt*
Martin Buber: *Ich und Du*
Konstantínos P. Kaváfis: *Sämtliche Gedichte*

Weisheitsgeschichten, die unser Herz berühren

256 Seiten, gebunden, vierfarbig,
ISBN 978-3-95803-416-7

Koreas Bestsellerautor Shiva Ryu gewährt uns Eintritt in eine Welt voller Weisheit und Schönheit des Lebens. Seine Erfahrungen und Erkenntnisse, die er auf der Suche nach einer Antwort auf die Frage »Was wollte das Leben mir sagen?« machen durfte, bilden die Grundlage für seine klugen Geschichten.

Dieses Buch ist eine Erinnerung daran, dass nichts auf der Welt ausschließlich schlecht sein kann und wir lernen können, das Gute im vermeintlich Schlechten zu erkennen.

scorpio-verlag.de

SCORPIO

Illustration: © Elicia Edijanto